Inhalt

HAT IHR MANN BESONDERE KENNZEICHEN?
NOCH NICHT!
HABICHT

Zu jedem Topf ...

... findet sich ein Deckelchen. Sagt der Volksmund. Aber wie ist das, wenn der Topf oder der Deckel oder beide schon einige Beulen haben? Wenn sie nicht aus Edelmetall sind, sondern aus Blech mit abgesplitterter Emaille? Wenn schon andere darin gekocht haben?

Obwohl Dutzende Bücher und Filme beweisen, daß Männer und Frauen nicht zusammenpassen, wird täglich von Millionen Menschen versucht, das zu widerlegen. Mit katastrophalen Folgen, wie die Gerichtsmedizin beweist. Umgekehrt versuchen Psychologen, Priester und Pädagogen tagtäglich nachzuweisen, daß ein Mensch ohne Partner wie ein Fisch ohne Fahrrad durchs Leben hinkt. Die Ehe verlängert die Lebenserwartung, vergoldet den Alltag, halbiert die Leiden, verdoppelt die Freuden ... Hosianna!
Aber da melden sich gleich die Gestrauchelten: Verlängerung des Lebens? Papperlapapp! Es kommt einem nur länger vor. Und warum? Wegen der Einfallslosigkeit der Kerle oder der Streitsucht der Weiber. Die Freuden halbieren sich mit solch einem Klotz am Bein. Die Leiden verdoppeln sich, wenn man die Pillen und Tropfen des anderen mitzählen muß! Drum heißt es ja:

»Männer sollen ihre Augen vor der Heirat offen halten, denn danach müssen sie immer mindestens eines zudrücken!«
»Wozu soll eine Frau heiraten, wenn sie einen Hund hat, der den ganzen Tag knurrt, und einen Kater, der erst spät in der Nacht nach Hause kommt?«
»Man heiratet das erste Mal aus Liebe, das zweite Mal aus Geselligkeit und das dritte Mal aus Berechnung oder Gewohnheit.«

Aber wer denkt denn heute noch an Heirat »... bis daß der Tod euch scheidet«? Heute spricht man vom »Lebens-Abschnitts-Gefährten«. Früher wohnte oder arbeitete man lange nebeneinander bis zum Miteinander. Heute geht man kurz ins Internet-Café und läßt hundert Kandidaten mit Paßbild und Sternbild auf dem Bildschirm antanzen. Früher dauerte es Wochen bis zum ersten Kuß. Heute umklammern sich die Teenies schon beim ersten Date mit offenen Karpfenmäulern und saugen sich fest. Damals ging man erst mit Blumen zu den Eltern. Heute schickt man gleich per Handy ein Foto von den Flitterwochen auf Mallorca.

Ach Leute, wie sollen die Silberlöckchen und Kahlköpfe da mithalten? Aber lassen Sie sich nicht täuschen! »Auch alte Ziegen lecken gerne Salz!« Und viele Alte sind viel jünger als viele Junge ahnen! Wenn dann noch die Enkel eingreifen, ist alles zu spät.

Gisela und Uschi, zwei ganz verschiedene Herbstastern aus der Serie 60-plus, annoncieren aus Langeweile und Übermut: »Topf sucht Deckel«. Und schon beginnt – mit alt- und neudeutschen Methoden – eine gnadenlose Auslese. Da werden Tragödien zu Komödien und Schwänke zu Krimis. Aber so ist das Leben. Nur gut, daß es in Ostelbien noch ein klein wenig anders ist. Weil es da kaum was zu erben gibt, fehlen die Erbschleicher. Und weil Großkotze gleich auffallen, gibt es weniger Leute, die drauf reinfallen. Außerdem wurden die lebenstüchtigen Frauen aus Ostdeutschland zum stärksten Exportartikel der neuen Länder. Und das mit Recht, wenn auch mit grausamen Folgen.

Des Alleinseins müde

In den Herzen von Uschi und Gisela war nach reiflicher Überlegung der Entschluß gereift, ihr Rentnerdasein nicht zum Ableben, sondern zum Aufleben zu nutzen, soweit das Konto mitspielt.
Beide Frauen haben gelernt, wenn Trübsinn naht, sich an den eigenen Haaren aus dem Sumpf zu ziehen. Beide haben entdeckt, daß das zu zweit schneller geht. So dauerte es auch nicht lange, als Uschi zu Gisela kam und nach einem Cognac fragte, daß beide Frauen wieder über Grundfragen ihres Daseins debattierten:

»Mein Jott, Uschi, laß dir doch nich so hängen!«
»Ich kann nun mal nicht aus meiner Haut.«

»Kannste doch, aber mußte dir bewegen.«
»Ach, ja, und wohin?«
»Komm morjen einfach mal mit zum Tanztee!«
»Wo ist denn Tanztee?«
»Na, hinten am Schwanenteich, wo mal der Kinderjarten war. Det nennt sich jetzt ›Begegnungsstätte DIE HERBSTZEITLOSEN‹. Is janz nett einjerichtet und kostet nich viel.«
»Und dann sehen wir da die Knattergreise aus unserem Kiez antanzen?«
»Da kommen manchmal ooch Fremde. Neulich hab ick da eenen Beamten am Rock jehabt. Der erzählte, det er in Köln im ›jehobenen Dienst‹ war, wat ihm ne ›jehobene Rente‹ sichern täte.«
»Und? Hast du ihm dann deine Sammeltassen gezeigt?«
»Quatsch. Sein Jetanze war mehr Paterreakrobatik! Außerdem war Hugo der Hartnäckige da. Der verfolgt mir seit ´n Vierteljahr. Und wenn ick zweemal mit ´n andern tanze, denn tritt der mir uff die Füße.«
»Und hast du dem schon deine Sammeltassen gezeigt?«
»Nee, der trinkt keenen Kaffee, nur Tee.«
»Dann ist er magenkrank oder Diabetiker oder infarktgefährdet. Dein Tanzcafé ist wohl ein Schrottplatz für Auslaufmodelle?«
»Ach Uschi, ›Auslaufmodelle‹ sind wa doch alle. Und mit unser Baujahr jibt et doch bloß noch ›Jebrauchte‹. Jemessen daran, is der Beamte zumindest ›scheckheftjepflegt‹! Kiek ihn dir doch mal an.«
»Na, ich weiß nicht. ... Wann ist das denn immer?«
»Na, morjen zum Beispiel, um drei. Denn fällt dir wenigstens ´n paar Stunden lang nich die Decke uff´n Kopp.«
»Und dir hilft das wirklich?«
»Nich wirklich. Aber je betrüblicher die Kerle sind, um so jlücklicher jeh ick denn wieder nach Hause in meine Stube. Manchmal nehm ick aber ooch so´n leiset Kribbeln im Bauch mit. Wie bei Hugo dem Hartnäckigen. Det is eijentlich jar nich mein Typ – kleen, stuckig, maulfaul und beim Tanzen steif wie´n Hauklotz. Aber sauber, ordentlich anjezogen, immer jepflegte Fingernägel und jeputzte Schuhe. Riechen tut er ooch jut. Und nach drei Tagen hatte der rausjekriegt, wo ick wohne. Seitdem schickt er mir öfter ´n kleenen Blumenstrauß!«

»So, so, und worauf wartest du noch?«
Gisela wurde nachdenklich:
»Det frage ick mir ooch manchmal. Weeßte Uschi, det Anbaggern is ja noch lustig. Da kannste dir einreden, daß de noch Chancen hast. Aber, wenn de denn mal so´n Kerl nach Hause holst, denn sieht der doch deine Einrichtung, die Vitrine von Mutter, die Bücher, die Fotos von deinen jewesenen Mann, von die Kinder. Denn mußte allerlei erklären. Uff eenmal stehste nackich da. Und an nackich kann ick schon jar nich denken, wenn et mal funkt. Meine Brust laß ick lieber einjetütet. Den Bauch kann ick ooch nich lange einziehen. Die Beene sind oben zu dick und die Hüften sind ooch verbreitert, weil se der Rastplatz vom Konfekt sind, an dem ick abends rumknabber. Und wenn ick denn noch die Zähne rausnehmen würde, würde selbst Hugo der Hartnäckige über die Feuerleiter verschwinden. Nee, davor hab ick richtig Schiß! Det verstehst du doch?«
Uschi hatte zwischendurch den Kopf geschüttelt: »Nein, das verstehe ich nicht, Gisela. Wenn du dich ausziehst, dann muß er sich doch auch ausziehen! Sein Bauch wird doch nicht flacher als deiner sein. Bier ist doch flüssiges Konfekt. Vielleicht hat der noch weniger Zähne als du? Und wenn dein Hugo Teetrinker ist, dann sind die schwarz. Nun mach dich bloß nicht kleiner als du bist! Du bist ein adrettes Persönchen für gehobene Ansprüche. So würde ich das jedenfalls in einer Heiratsannonce inserieren.«

»Ick inseriere aber nich! Det wär det Letzte!«
»Nein, das wäre erst das Vorletzte! Wenn du schon mit mir in die Schlacht ziehen willst, dann machen wir auch einen richtigen Schlachtplan. Und der hat drei Stufen: Stufe I – wir testen das Angebot im Kietzcafé. Das ist dann wie Angeln an einem trüben Tümpel. Stufe II – wir schieben eine Kontaktanzeige in unser Anzeigenblatt. Damit werfen wir ein Netz im regionalen Gewässer aus. Stufe III – wir gehen ins ganz große Netz, nämlich ins Internet. Wenn wir da die richtige Offerte starten, ist das wie ein Stromschlag für alle großen Fische in hundert Kilometern Umkreis. Wäre doch gelacht, wenn wir da keinen an Land ziehen!«
»Na, Hauptsache, der stinkt nich am Kopp – und läßt sich bemuttern wie Enkel!«

Ick bin die Gisela

Eijentlich sollte ick Gisélle heißen. Meine Mutter hatte sich det ausjedacht, weil se mir uff Ballettschule schicken wollte. Die war nämlich mal mit mein Vater und seinen Betrieb inne Oper. Aber da is an dem Abend der Spielplan jeändert worden, weil der Sänger Halsschmerzen hatte. Drum tanzte denn det Ballett, und det Stück hieß »Giselle«. Hinterher – sagt Mutter – soll ick von den beeden uff Kiel jelegt worden sein. Bloß, Vater wollte unbedingt eenen Jungen haben. Und wenn det schon daneben jing, denn bloß nich so´n französischen Namen, wo er immerzu an die spindeldürren Ballettmiezen denken mußte. So wurde denn aus Gisélle die Gisela. Und Vater versuchte allet, um aus mir eenen richtijen Kerl zu machen. Er koofte mir Hosen statt Kleider. Er schickte mich zum Ruderclub statt zur Tanzgruppe. Er verschaffte mir ´ne Lehrstelle bei der Eisenbahn und nicht im Frisiersalon. Und als Hochzeitsgeschenk bekam ick ´n Werkzeugkoffer.
Det hatte allet sein Jutet, bloß die frühe Hochzeit nich. Mein erster Mann war ´ne Memme. Der war Friseur und trug blonde Locken. Und weil er ooch nach

Feierabend noch Hausbesuche bei jutzahlende Kundinnen machte, wurde mir det denn zu ville. Ick wollte lieber von eenem Torero erlegt werden. Den fand ick denn ooch unter den Schlafwagenschaffnern. Die hatten zumindest ´ne ähnliche Dienstkleidung: Enge Hosen und so ´ne Art Bolerojäckchen mit joldene Knöppe. Und sehr jeschmeidige Bewegungen, wenn se sich durch die Jänge schlängelten. Aber nich weibisch, sondern drahtig. Det jefällt mir. Mit solchen Männer wird die Nacht zum Tag.
Wir war´n denn ooch bald verlobt. Aber noch vor der Hochzeit kam er unter die Räder bei der österreichischen Staatsbahn. Die hat ihn abjeworben. Da hatte er den interessanteren Streckenplan und det Trinkgeld in Hartgeld. Und als er denn endlich nach Hause kam, war er kaputt, vor allem seine Lunge. Der is mir denn wegjestorben.

Jeder der beeden Männer hatte mir zu eenem Kind verholfen, so daß ick keene Langeweile hatte. Und weil wa jute Kinderjärten hatten, konnte ick ooch Lehrjänge besuchen. So kam ick denn vom Schalterdienst inne Uffsicht. Det Jehalt jing uffwärts. Die Jenossenschaftswohnung war billig. Die Möbel konnte ick abstottern. Bei den Betriebsfeten jab´s die eene und andere Bekanntschaft. Manche hielt zwee Wochen, eene sogar zwee Jahre. Aber bei allem Jedöhns über die Gleichberechtigung der Frau war et doch im Jrunde jenau so belämmert wie bei meine Mutter: Kochen, Waschen, Reinemachen. Die Schularbeiten kontrollieren, die Gardinenstangen festmachen, Essen ranschaffen und immer schön nett sein. Wennste mal die Zähne zeigst, rennen die Kerle davon. Vater hat schon jewußt, warum ick een Junge werden sollte.
Wat woll´n Se sonst noch wissen? Na klar, der Ist-Stand: Alleinstehend im Ruhestand. Mit der Übernahme der Ostbahn durch die Bundesbahn wurden die meisten entlassen. Die Abfindung reichte für ´n kleenet Auto. Aber trotz Fachschulabschluß in Verkehrsökonomie war ick mit 57 Jahre uff´m Arbeitsmarkt unvermittelbar. Inzwischen bin ick ´n Stückchen älter und ruhiger jeworden. Die Knochen lassen nach. Der kalte Bahnsteig hat mir mit meine Rheuma-Attacken zum Wetterfrosch gemacht. Die Kinder sind aus dem Haus und melden sich bloß, wenn ick die Urlaubsvertretung für die Enkel übernehmen soll. Eijentlich mache ick det jerne, denn die Zwerge

sind lieb. Wat heißt Zwerge? Der Basti hatte schon Jugendweihe. Nu jeht er lieber mit seine Freundin ins Kino als zu Oma. Und so fällt mir zu Hause manchmal die Decke uff´n Kopp. Denn ruf ick meine Freundin Uschi an. Manchmal hängt die ooch gerade durch. Wie det so is. Ansonsten is det aber een verrücktet Huhn. Die bringt mir uff andere Jedanken. Mitunter ooch auf ziemlich schräge. Is aber besser, als im Seniorenheim zu warten, bis se die Blechkiste bringen.

Is nu allet klar? ... Wie bitte?... Wie mein Traummann sein soll?
Ach, hör´n Se doch uff mit ›Traummann‹! Det soll keen Hallodri sein. Wenn ick ihn brauche, soll er da sein. Wenn er da is, soll er nich rummaulen. Und wenn ick mal ´ne Schnulze im Fernsehn kieke, soll er nich mit die Zähne knirschen oder inne Kneipe jehn. Det is allet. Na, sagen wa mal: Fast allet. Een bißken wat erleben möchte ick natürlich ooch noch. Aber ohne Kaffeefahrt mit Rheumadecke, Schnellkochtopp und lauter alte Weiber!

Ich bin die Uschi

Wenn Sie gestatten, mache ich gleich weiter. Die Gisela hat mich ja schon als »verrücktes Huhn« avisiert. Ich weiß nicht, wie sie darauf kommt, denn ich finde mich ziemlich normal. Es können ja auch nicht alle Menschen so einfach gestrickt sein wie meine Freundin Gisela. Die hat immer nur ihre Pflichten im Kopf, auch jetzt, wo sie gar keine Pflichten mehr hat. Mich haben zeitlebens mehr meine Rechte interessiert. Die Frauen werden doch sonst nur untergebuttert.
Nun dürfen Sie aber nicht denken, daß ich eine Emanze bin. Erstens habe ich nichts gegen die Männer. Im Gegenteil: Je männlicher – je lieber. Und zweitens bin ich in keinem Verein zur Durchsetzung einer weiblichen Weltregierung. Wenn sich Stuten aus Neid und Eifersucht beißen, kann das genauso weh tun, wie wenn ein Hengst seine Hufe auf unsere Hüfte stellt. Der liebe Gott wird sich schon was dabei gedacht haben, wenn er Adam und Eva zusammen auf die Reise schickte. Und bisher haben doch die Frauen gegen jeden faulen Trick der Männer mindestens zwei raffinierte Gegentricks gefunden.

Nun zu meinem Werdegang: Ich bin Jahrgang 44, das heißt mit Magermilch aufgewachsen. Vater blieb an der Front liegen, Mutter hat mich und meinen Bruder mit Mehlsuppe und Kaninchenfleisch großgezogen. Ich kam auf die Oberschule, machte Abitur und wurde kaufmännische Angestellte. Mein Bruder ging auf den Bau, wurde Meister und baut Kraftwerke in aller Welt. Mutter ist inzwischen verstorben. Sie hat von ihrem Leben nichts gehabt. Ich habe mir deshalb vorgenommen, anders zu leben. Das ist aber leichter gesagt als getan. Meine erste Ehe ging in die Brüche, weil er drei Kinder haben wollte. Die zweite Ehe kam erst gar nicht zustande, weil ich ein Kind austragen wollte. Die Tochter habe ich dann allein aufgezogen. Sie betreibt jetzt mit ihrer Freundin eine Boutique in Dresden und kommt zurecht.
Ich war die letzten Jahre bis zur Rente Chefsekretärin bei der Bahndirektion. Dort habe ich Gisela kennengelernt. Die war da Gewerkschaftschefin und legte mir immer die Beschwerden und Vorschläge der Mitarbeiter auf den Tisch, mit denen wir unseren Chef auf Trab hielten. Nach der Wende und der Auflösung der Einrichtung haben wir dann unsere Rentenpapiere zusammengebastelt. Seitdem treffen wir uns fast jede Woche. Wir waren auch schon zusammen auf Urlaub. Das ist mitunter ganz schön nervig, weil wir auf unterschiedliche Typen anspringen. Gisela mag viereckige Leute, die da stehen, wo man sie hinstellt. Deshalb landet sie meistens bei Ossis. Ist ja keine Schande. Da gibt es viele nette Leute und durchweg bodenständige. Ich habe lieber Siebeneckige, die auch mal ganz woanders hinkullern. Ist nun blöd ausgedrückt, aber Sie wissen schon, was ich meine. Es wird Sie daher nicht verwundern, wenn ich öfter in die Arme eines Zugereisten falle. Das sind ja auch Menschen. Und reicher sind sie allemal. Allerdings auch knauseriger, wenn sie an den Falschen kommen. Also, wenn Gisela und ich mal auf Beutezug gehen, kommen wir uns nicht ins Gehege. Als Notgemeinschaft hat sich unsere Freundschaft jedenfalls bewährt – nicht, obwohl, sondern weil wir so verschieden sind. Im Grunde möchte doch jede von uns ein bißchen so wie die andere sein.
Ach so: Mein Traummann! Groß, sympathisch, humorvoll, gerne älter, möglichst reicher, Akademiker angenehm, bloß kein Opa, obwohl ich inzwischen Oma bin. Aber solche Wünsche stehen ja in jeder Kontaktanzeige. Man muß eben viele Frösche küssen, bis der Prinz vor einem steht!

Zwei Damen im Dreivierteltakt

Uschi und Gisela waren beim Friseur. Sie haben die Haare jugendlich einkürzen und mit farbigen Strähnchen aufpeppen lassen. Gisela in Wikingerblond mit Sandfarben, Uschi in Auberginenviolett mit Spitzen in Orange. Sie haben sich wegen ihrer ansehnlichen Waden für kniekurze Röcke entschieden und pastellfarbene Blazer über die sportlichen T-Shirts mit V-Ausschnitt geworfen. Auf jeder Baustelle würde man anerkennend pfeifen, wenn sie vorbeikämen.

Im Kiezcafé dagegen wurde es für einen Moment still, als sie eintraten. Uschi dachte: Das ist auch eine Form der Anerkennung! Gisela dachte: Vier Männer und zehn Frauen – det wird wohl nüscht. Doch als sie dann Platz genommen hatten, entdeckte Gisela zwei Tische weiter den ›gehobenen Beamten‹. Den müßte sie an Uschi verkuppeln! Und hinten in der Ecke saß, wie immer, Hugo der Hartnäckige bei seinem Tee und rauchte eine Zigarre.
Die beiden Frauen bestellten sich eine Flasche Rotwein und verzichteten daher auf Torte. Und als der Alleinunterhalter eine CD in seine Musikmaschine einschob und zum Mikrofon griff, wurde die Schlacht eröffnet:

»Meine sehr verehrten Herrschaften,
ein herzliches Willkommen zu Güntis Tanztee für DIE HERBSTZEITLOSEN!
Eine goldene Regel für Seniorenbälle sagt: Fang´s sachte an!, aber wie ich sehe, haben die Damen ihr Dreiwettertaft aufgesprüht. Da können wir gleich am Anfang einen Zahn zulegen. Und wo sprüht das Temperament besonders feurig? Bei dem unvergessenen Rex Gildo auf der ›Fiesta Mexicana‹! Darf ich bitten?«
Und schon ging´s ab. Aber erst mal nur die Musik. Dann verbündeten sich vier verzweifelte Damen zu zwei entschlossenen Paaren. Indessen erhob sich der ›gehobene Beamte‹ vom Nachbartisch und steuerte auf Gisela zu. Aber die winkte ab und wies mit der Hand auf Uschi: »Meine Freundin würde sich gewiß freuen!« Uschis Blicke bestätigten das nicht gerade, aber der ›gehobene Beamte‹ war keinen Widerspruch gewohnt und führte sie auf´s Parkett.
Als wäre es die Rache für ihren Hackentrick, sah Gisela nun Hugo den Hart-

näckigen auf sich zukommen. Doch ehe der die halbe Distanz überwunden hatte, stand Gisela schon an der Kuchentheke und bestellte – entgegen ihrer Absicht – ein Stück Käsetorte. Worauf Hugo auf dem Hacken kehrt machte. Wer das Leben kennt – und welcher Mensch der Generation 60-plus kennt es nicht – der würde sagen: Da läuft nichts! Aber wer das Leben wirklich kennt, der weiß auch: Ein bißchen was läuft immer!
Uschi hatte sich von ihrem Tanzpartner gelöst und schwang ihre Hüfte wie die Rock-Oma Tina Turner. Der kölnische Beamte antwortete mit den Windungen und Zuckungen eines Tangotänzers. Uschi fragte mit roten Wangen:
»Waren Sie mal in Argentinien, vielleicht beim diplomatischen Dienst?«
»Leider nein, gnädige Frau, sonst hätte ich Sie bestimmt schon dort entdeckt!«
»Danke für das Kompliment. Aber ich war auch noch nicht da.«
»Dann waren Sie vielleicht beim Ballett?«
»Auch nicht. Was ich kann, habe ich mir selber beigebracht.«
»Aber hoffentlich nicht alles?«
»Warum nicht?«
»Weil es einige Dinge gibt, die man nur zu zweit auskosten kann.«
Uschi blickte verschämt zu Boden, was man einer Frau in diesem Alter gar nicht zutrauen möchte, wenn sie nicht Schauspielkunst studiert hat. Doch es bedurfte keiner weiteren Erklärung, denn an dieser Stelle legte Günti einen Tango auf, und schon griff der Beamte beherzt um Uschis Taille und ging zum Nahkampf über.

Gisela wäre jetzt zu gerne in der Nähe dieses Duos gewesen, um einige Sätze aufzufangen. Hugo der Hartnäckige muß das gefühlt haben, denn schon stand er an Giselas Tisch und machte eine tiefe Verbeugung. Was er dann tanzte, war alles andere als ein Tango, aber Gisela ging es ja nur um die Chance auf Hörweite zu Uschi zu kommen. Und so zerrte sie den Hugo in alle Ecken, wo Uschi den Beamten umklammerte. Da hatte sie gerade aufgeschnappt, daß der Kölner irgend etwas »zu zweit auskosten« wollte. Ihr war sofort klar, daß es nicht um »17 und 4« gehen sollte. Eher um »6 mal 6«. Sie wollte Uschi eine Warnung zuflüstern. Aber Hugo der Hartnäckige verfolgte ein eigenes Programm:

»Diesmal mit Verstärkung hier?«
»Das ist meine Freundin Uschi.«
»Ziemlich schräger Vogel. Paßt nicht zu Ihnen.«
»Ich wüßte nicht, was Sie das angeht.«
»Ich rede auch nicht von mir, sondern von Ihnen. Sie sind ´ne patente Frau.«
»Ach, ja? Sind Sie vom Patentamt?«
»Nicht doch! Ich war Bauarbeiter. Da weiß man, was hält und was nicht.«
»Die Uschi und ich, wir halten uns gegenseitig.«
»Wozu das? Sie finden doch ihren Weg allein.«
»Das können Sie doch gar nicht beurteilen.«
»Doch, kann ich. Ich hab mich erkundigt.«
»Wonach?«
»Nach Ihrem bisherigen Leben.«
»Holla! Wie kommen Sie dazu?«
»Interessiert mich.«
»Und wo haben Sie was erfahren?«
»Eine Kollegin von Ihnen wohnt bei mir im Haus.«
»Jetzt wird mir langsam heiß!«
»Wollen wir nach draußen gehen? Ich bestell uns ein Eis.«
»Nein, nein, ich muß ja hier ...«
»In unserem Alter muß man gar nichts. Da macht man nur, was man möchte!«
»Na, gut. Und ich möchte weitertanzen.«
»Bitte, Frau Gisela!«
»Ach, meinen Vornamen wissen Sie auch schon?«
»Na, klar. Und daß Sie bei der Bahn waren.«
»Aha. Und was noch?«
»Und daß Sie Ihren Mann nicht retten konnten.«
»Nee, der hat nämlich gequalmt wie Sie!«
»Mal so gesagt: Für jemand wie Sie, könnte ich mir das glatt abgewöhnen!«
»Mal so jesagt: Det is mir schnuppe!«
»Erst mal.«
»Wat heeßt ›erst mal‹?«

»Sie werden mich nicht los.«
»Aber Sie werden mich los! Hintenrum Erkundigungen einholen, det is doch ...«
»Das ist Notwehr, weil Sie mir aus dem Wege gehen.«
»Bloß jut! Wer weeß, wat Sie noch allet erkundijen wollen?«
»Im Moment nur, was Ihre Lieblingsblumen sind.«
»Die könn´ Se sich ooch sparen. Wenn ick mal Rosen riechen will, denn koof ick se mir alleene.«
»Eben nicht! Wenn Sie aus der Kaufhalle kommen, lassen Sie den Blumenstand immer links liegen. Außerdem sind Rosen, die riechen, ganz selten zu haben. Ist schon komisch, was sich Mensch und Natur alles abgewöhnen sollen.«
»Det stimmt. Aber bei Ihnen würde erst mal reichen, wenn Se sich det Ausfragen abjewöhnen,«
»Hm. Dann muß ich mir wohl für heute erst mal das Tanzen abgewöhnen. Schade.«

Mit diesen Worten brachte Hugo die Gisela zurück an ihren Tisch, machte eine artige Verbeugung, ging zur Kellnerin, zahlte und verließ dann das Café.
Gisela stellte verwundert fest, daß sie nicht mal richtig froh darüber war. Und weil Freundin Uschi mit dem Kölner am Tresen hing und gar nicht mehr an den Tisch zurückkam, ging Gisela dann auch bald nach Hause.

Als Uschi dann spät abends bei Gisela anrief, klang sie ziemlich sauer:
»Na, sag mal, wie kannst du denn plötzlich verschwinden und mich mit dem komischen Beamten allein lassen?«
Mit solch einer Attacke hatte Gisela nicht gerechnet:
»Bin ick deine Anstandsdame, det ick uff dir uffpassen muß beim Schwoof?«
»Es geht nicht ums Aufpassen, sondern um das Alleinlassen!«
»Du warst doch nich alleene. Du bist doch mit dem Kölner beim Tango zu eener jesamtdeutschen Einheit verschmolzen.«
»Na, den hast du mir doch aufgeschwatzt!«

»Jewiß doch. Ick ahnte ja nich, daß du ihn gleich abschleppst.«
»Weil du mit deinem Hugo verschwunden warst! Außerdem: Wer sagt denn, daß ich den abgeschleppt habe?«
»Na, kiek mal uff die Uhr! Als ick jing, war et viere und jetzt isset zehne. Wat haste denn so lange jemacht? Die Betten neu bezogen, oder wat?«
»Mein Gott, hast du eine schmutzige Phantasie! Ich war um fünf zu Hause. Da habe ich dann einen langweiligen Krimi gelesen, um dich nicht zu stören.«
»Det is aber ooch nich janz sauber jedacht! Mir stört nüscht. Der Hugo war mir zu neugierig, da hab ick ihn stehn lassen. Außerdem roocht der Zigarre. Det hängt denn wochenlang inne Gardinen.«
»Na, fein. Und der Beamte im gehobenen Dienst hat ziemlich ungehobelte Manieren. Der fragte doch tatsächlich, ob bei mir unter dem BH alles echt ist.«
»Ick sag´s doch: Die Wessis sind alle uff Übernahme programmiert, drum fangen se gleich mit ´ne Bestandsuffnahme an. Da haben wir eben beede wat jelernt. Und wie soll det nu weiterjehen?«
»Wie denn? Was denn?« fragte Uschi.
»Na, willste uff anständije Art alt werden oder lieber uff unanständige Art jung bleiben?«
»Du kannst Fragen stellen! Wir waren uns doch einig, daß das Leben viel zu kurz ist, um es mit dem falschen Partner zu verbringen. Aber du brauchst ja immer viele gute Gründe, ehe du dich mit einem Mann einläßt.«
»Ick weeß. Dir reicht schon een jutet Bett.«
»Das nun auch nicht. Jedenfalls habe ich den Eindruck, daß das Angeln beim Tanztee nichts bringt.«
»Aha: Zu wenig Fische oder zu kleene mit zuviel Gräten! Und nu?«
»Ich verschaffe uns erst mal ein paar Adressen für Kontaktanzeigen. Du kannst ja Samstag zu mir zum Kaffee kommen. Dann überlegen wir mal, wie wir da einsteigen und unsere Netze auswerfen. Was hältst du davon?«
»Jar nüscht. Aber ick komme.«

Die Tücken der Selbstvermarktung

Als sich Gisela am Samstag bei Uschi an den Kaffeetisch setzte, lagen da drei Zeitungen mit drei Doppelseiten voller Kontaktanzeigen ausgebreitet, in denen drei besonders verlockende Angebote aus der Rubrik »ER sucht SIE« mit Rotstift markiert waren. Gisela hatte mehr auf Erdbeertörtchen gehofft, aber für Kuchenteller war da absolut kein Platz, nur für eine Schachtel Kekse. Als sie dann enttäuscht in ihrem Kaffee rührte, fiel ihr Blick auf eines der rot umrahmten Sonderangebote. Der Text machte ihr aber so viel Kopfzerbrechen, daß sie ihn langsam und laut vorlesen mußte, um Uschis Interpretationshilfe einzuholen:

»M Punkt, 63 Strich1 7 3 Komma, H S A Komma, N R Komma, N T Komma, gesch Punkt, sucht mittelgr Punkt vollb Punkt Dame f Punkt Frzt u Punkt Kleingtn Punkt.«
»Wat is denn det für'n Chinesisch? Is der beim Verfassungsschutz, wo se keen Klartext jeben?«
»Nun stell dich doch nicht dümmer als du bist, Gisela! Da steht, daß ein Mann in deinem Alter, der gebildet ist und solide lebt, dich kennenlernen möchte.«
»Ach, nee! Und warum schreibt er det nich?«
»Weil jedes kleine Wort in dieser großen Zeitung große Kosten verursacht.«
»Also, is er 'n Knickstiebel? Und wat heißt HSA, NR, NT?«
»Hochschulabsolvent, Nichtraucher und Nichttänzer.«
»Denn isser also jut für Kreuzworträtsel, aber nich für'n Silvesterball.«
»Na, wie oft gehst du schon tanzen? Dafür verspricht er eben andere sinnliche Freuden.«
»Woher weeßte denn det?«
»Das steht doch drin: Er sucht eine vollbusige Dame.«
»Ach, so. Det is also 'n Grabscher? Und wat heeßt Frzt und Kleingtn?«
»Na, Freizeit und Garten.«
»Um Jottes Willen, denn soll ick da seine Kohlrabi ausbuddeln! Da haste ja wat feinet ausjesucht.«

»Immerhin einen Nichtraucher! Deine Gardinen sind dir doch wichtiger als dein Zigarren-Hugo.«
»Der hat mir immerhin anjeboten, uffzuhören mit die Qualmerei.«
»Hört, hört! Und warum stöbern wir dann hier im Annoncen-Dschungel?«

Was Gisela nicht ahnen konnte, war, daß jener Hugo zur gleichen Stunde mit Krawatte und gebügelter Hose im Seniorenclub saß, weil er hoffte, daß sie dort zum Tanztee auftauchen würde. Diesmal taxierten dort zwölf Damen jene zwei Herren, die sich hergetraut hatten, so daß Hugo richtig froh war, als die Tür aufging und als dritter Mann jener »Kölner Beamte des gehobenen Dienstes« erschien, den Gisela in die Arme ihrer Freundin Uschi getrieben hatte. Der Mann trug heute eine Fliege am Hals und wirkte damit in dieser Umgebung wie ein Silberreiher auf der Hühnerfarm. Er schaute suchend in die Runde, entdeckte Hugo den Hartnäckigen, der nickte ihm als Begrüßung zu, worauf der Kölner auch gleich an seinen Tisch kam:
»Ist hier noch ein Platz frei?«
»Hier ist alles frei.«
»Nanu? Ist denn ihre Tanzpartnerin von Mittwoch nicht dabei?«
»Nö.«
»Und deren Freundin, die Uschi, auch nicht?«
»Nö.«
»Ich sag´s ja: Frauen sind wie Katzen – die kann man nur zwingen, was zu tun, was sie auch selber möchten. Na gut, dann spülen wir erst mal die Enttäuschung runter. Machen Sie mit?«
»Ich bleibe beim Bier.«
»Da gehört in Berlin aber ein Kümmel oder ein Korn dazu. Ich laß mal eine Runde kommen.«
»Ich denk Sie sind aus Köln? Dann müßten Sie doch erst mal ein Kölsch bestellen?«
»Richtig. Aber erstens haben die hier kein Kölsch, und zweitens bin ich kein richtiger Kölner. Nur ein Zugereister.«

In diesem Moment kam die Kellnerin. Der Herr bestellte: »Zwei Korn und eine Flasche Rotwein, italienisch und trocken. Aber nicht über 14 Grad!«

Dann drehte er sich wieder zu Hugo:
»Eigentlich komme ich aus Chemnitz.«
»Abgehauen?«
»Abgeworben nach der Wende. Da war ich bei der Rheinländischen Textil AG als Berater für die Treuhandübernahmen.«
»Ach, so: Plattmacher!«
»Der Name schmeckt mir nicht. Ich heiße übrigens Arthur.«
»Ich bin der Hugo, Maurer und Betonbauer. Ich hab wahrscheinlich einige von den Betrieben mit aufgebaut, die Du verscherbelt hast.«
»Ich hab die nicht verscherbelt. Als Vizechef im früheren Bezirkswirtschaftsrat konnte ich hundert Gründe zusammenkratzen, um die eine und andere Bude vor den Haifischen zu retten.«
»Soso! Arthur, der Engel!«
»Das gefällt mir schon besser. Ich war eben der einzige Ossi in der Chefetage. Die Maschinen, die sie dann bei uns ausgebaut haben, gingen gleich nach Asien in die neuen Zweigwerke. Danach haben sie mich verabschiedet. Das fiel unter Reinhaltung der Anstalt. Schwamm drüber. Unser Korn wächst an. Prost, Hugo!«
»Prost, Arthur! Übrigens, bloß mal als Tip: Mit der Fliege hättest du vielleicht die vogelige Uschi blenden können, aber hier machst du keinen Fang damit!«
»Danke, Hugo! Denn stecke ich sie gleich in die Tasche. Aber vielleicht kommt der Paradiesvogel noch angeflattert? Die hat so ´ne schön ausgebeulte Bluse!«
Dieses rustikale »Männerlob« drang zum Glück nicht an die Ohren von Uschi und Gisela. Die kämpften tapfer in Runde 2 mit den Annoncen. Gisela fragte gerade:
»Hattest du deinen Ersten nich ooch inne Zeitung jefunden?«
»Na klar. Das hielt aber nur drei Jahre. Im ersten Jahr hab ich um die Vorherrschaft gekämpft. Im zweiten Jahr ging es nur noch um die Gleichberechtigung. Und im dritten um meine nackte Existenz.«
»Und denn haste dir den dicken Fuhrunternehmer jegriffen?«
»Was heißt dick? Ein Mann mit dickem Konto kann ruhig einen dicken Bauch haben. Der wirkt immer sympathisch.«

»Also, mir wär det nüscht. Wenn man nich hat, wat man mag, muß man noch lange nich mögen, wat man hat!«
»Du meinst: Die Taube auf dem Dach ist dir lieber als der Spatz in der Hand? Dann müssen wir eben weitersuchen. Aber vorher mußt du lesen lernen.«
»Ick weeß: In deine Oogen bin ick Analphabet.«
»Nun hör doch endlich auf, rumzuzicken! Bei Kontaktanzeigen steht nun mal mehr zwischen den Zeilen als in den Zeilen. Außerdem gibt es eine Unmenge Kürzel. Hier steht, zum Beispiel: ›Beh. M. i. best. Alter, su. für T6 u. Frzt. ...‹ Was sagt uns das?«
»Na ... behutsamer Mann um die 50 ... sucht für die sechsjährige Tochter ...«
Uschi verschluckte sich vor Lachen am Kaffee.
»Du ahnungsloser Engel! Da steht: Alternder Krüppel sucht Gespielin für Telefonsex.«
»Und warum haste den rausjepickt?«
»Damit du lesen lernst. Ich habe übrigens mal gezählt: Von diesen 184 Annoncen hier gibt es nur 18 Absender in unserer Altersgruppe! Davon sind zehn Männer. Und fünf davon haben keine konkreten Altersangaben gemacht. Die nennen sich nur ›zu jung für´s Seniorenheim‹« oder – er hier – ›noch voll im Saft stehend‹.«
»Anjeber! Wenn de bei dem mal den Hahn uffdrehst, denn stehste im Trocknen. Soll´n wa nich lieber gleich austeigen?«
»Wir sind doch noch gar nicht eingestiegen! Ich weiß ja nicht, wie das bei dir ist, aber ich suche ja nicht zuerst was für´s Bett.«
»Ach, nee? Wofür denn?«
»Na, für alles, was Spaß macht: Mal ins Kino, mal verreisen, mal ins Café.«
Gisela nickte: »Det soll meiner natürlich ooch machen. Wobei mir schon jeholfen wäre, wenn ick zwee Stunden an Schmorbraten und Klöße jebastelt habe, daß denn eener sagt: ›Det war lecker! Is noch wat da?‹ Ick koch mir nämlich bloß noch Suppe ausse Dose.«
»Na, dann schauen wir doch mal, ob ein Gourmet dabei ist! Da müssen wir genauer hinschauen, was die Männer suchen ...hier: Zärtlichkeit ... Wärme ... Geborgenheit ... Humor ... Charme ... oder der hier: leben, lieben, reden ...«
»Und essen will keener?«
»Jedenfalls schreibt keiner davon. Die gehen doch alle bloß in die Suppen-

küche. Außerdem gibt es ein paar Stichworte, die wir gleich aussortieren müssen bei unseren Kandidaten. Zum Beispiel den hier: ›gutaussehend‹ und den da ›elegante Erscheinung‹.«

»Wieso das denn?«

»Einen schönen Mann hast du nie für dich allein. Willst du etwa teilen? Na also. Weiter! ... Da hast du dein Goldstück: ›Suche gute Hausfrau und treue Gefährtin. Bin nicht ortsgebunden. Könnte zu dir ziehen ...‹«

»Wie alt isser?«

»Hier steht: ›Mittsiebziger‹.«

»Det zählt denn bis 78 und klingt schon nach Pflegestufe zwee!«

»Liebe Gisela, wenn du wüßtest, was du für Pflegestufe II bezahlt kriegst, würdest du vielleicht mit beiden Händen zugreifen!«

»Aber doch nich, wenn er schon sabbert!«

Was die Frauen bei den Annoncen so gereizt machte, das hatte bei den Männern im Seniorenclub der Alkohol geschafft. Arthur stellte im Disput mit Hugo gerade eine zweite Weinflasche auf den Tisch und brabbelte:

»Nu sag mal ehrlich, Hugo: Wozu brauchst du eine Frau? Ich brauche keine! Die Hemden gehn in die Wäscherei. Wenn die Socken ein Loch haben, kaufe ich neue. Das Geschirr bewältigt die Spülmaschine. Das Essen kannste bestellen. Und wenn´s dunkel wird, tanzen hundert Weiber für dich im Fernsehen.«

»Richtig, Arthur! Das ist aber nur die halbe Wahrheit. Die Hemden aus der Reinigung kratzen am Hals. Beim Abwasch im Ein-Mann-Betrieb rentiert sich keine Spülmaschine. Und wenn du bei den Fernseh-Miezen deinen Kopf auf den Schoß legen willst, dann holste dir am Bildschirm ´ne Beule!«

»Hugo, ich bin tief enttäuscht von dir. Das ist Kapitulantentum. Dir fehlt die Kraft zum Loslassen.«

»Wen soll ich denn loslassen?«

»Na, deine Gisela. Wo ist sie denn? Sie hat dich im Stich gelassen. Und nun denk mal an die vielen, vielen Enttäuschungen, die du mit den Weibern erlebt hast! Liebe macht blind! Frauen sind nämlich wie Autos – die ersten zwei Jahre: Prima! Aber dann geht´s los. Guck dich mal um: Die einzigen Menschen, die glücklich sind, sind verheiratete Frauen und alleinstehende Männer. Das sagt doch alles!«

»Ich bin mit meiner ersten Frau sehr glücklich gewesen.«
»Na schön, und warum? Weil du alles gemacht hast, was sie gesagt hat.«
»Quatsch! Wir hatten auch öfter Zoff.«
»Na schön. Aber dann war drei Tage Funkstille zwischen euch.«
»Nein, nein. Die war durchaus einsichtig und konnte auch verzeihen.«
»Na schön. Aber dann hat sie dich hundert Jahre lang daran erinnert!«
»Du mußt ja an ganz schlimme Drachen geraten sein!«
»Eben nich! Das waren ganz liebe Engelchen. Die schlangen ihre Arme um meinen Hals – und dann haben sie zur Brieftasche gegriffen! Und ich sage dir noch was: So, wie du der Gisela hinterherläufst, machst du dich lächerlich. Und wenn sich ein Mann lächerlich macht, ist das ein sicheres Zeichen, daß er es ernst meint. Mein Beileid, Hugo! Prost!«

Gisela, die von den Seelenqualen des hartnäckigen Hugos nichts ahnte, war nun mit Uschi in die dritte Runde eingestiegen: Der Entwurf eigener Offerten für die Rubrik: SIE sucht IHN. Uschi hatte sehr klare Vorstellungen davon:
»Also, ich schreibe erst mal ins Unreine. Wir brauchen eine Überschrift in Fettdruck. Bei mir heißt die: Hexe sucht Teufel für Ritt auf dem Besen. Und was soll bei dir drüberstehen?«
»Na, nich so wat verrücktet. Schreib doch einfach: Topf sucht Deckel. Haste?«
»Wie du willst. Nun die Selbstpräsentation.«
»Die wat?«
»Die Selbstdarstellung. Bei mir heißt das:
›Lustige Witwe mit Charme und Esprit sucht männlichen Hauptdarsteller für ihr Zimmertheater. Biete vorzeigbare 60/170 zur Erkundung, sofern du sanfte Hände und stürmische Gefühle hast. Bringe aber nicht mehr als 75 Kilo mit, verteilt auf etwa 180 cm, und ein offenes Herz für alle Fächer dieser Reifeprüfung.‹
So, mehr laß ich nicht gucken. Und du?«
»Ja, wat soll ick da rumeiern? Schreib doch:
›Verständnisvolle, gute Hausfrau, des Alleinseins müde, sucht auf diesem Wege zuverlässigen Partner ...‹«

»Nein, nein, nein. So geht das nicht! Du verkaufst dich doch völlig unter Wert.

Mit ›gute Hausfrau‹ holst du dir einen Pascha ins Haus. Dein ›müdes Alleinsein‹ läßt die Männer schon beim Lesen einschlafen. Mit Treue und Verständnis lädst du jeden Schlawiner ein. Das müssen wir ganz anders einfädeln. Vielleicht so:
›Als Kumpel-Typ habe ich Haus und Körper gut in Schuß. Fehlt nur ein Kuschelbär, der mit mir die Sterne zählt, Italien erkundet, Sauerbraten ißt und die Matratzen testet. Wenn du Mitte 60 bist und nicht kleiner als 1,70 m, dann trau dich und schick mir ein Bild.‹
Na, was hälst du davon?«
»Det soll ick sein? Det sind doch lauter Drohungen. Ick möchte ooch nicht, daß denn so´n jugendlicher Held vor der Tür steht.«
»Was hast du gegen jugendliche Helden? Die wissen zwar nicht so genau, wie es geht, aber dafür üben sie dann die ganze Nacht!«
»Na, den schicke ick denn lieber zum Härtetest zu dir. Meine Krankenkasse zahlt nämlich nicht, wenn ick dabei inne Brüche jeh.«
»Ich übernehme das, Gisela. Übernimmst du nun den Text?«
»Wenn wir da noch ´n bißchen Luft rauslassen können, meinetwejen.«

Man weiß nicht, wie lange die beiden Frauen dann noch an ihrer Selbstvermarktung gefeilt haben. Giselas Nachbarn wollen nur gesehen haben, daß bei Einbruch der Dunkelheit ein betrunkener Mann versuchte, einen Blumenstrauß in ihr offenes Fenster zu werfen. Das sei aber nicht geglückt. Drum lägen die ramponierten Rosen nun zerstreut im Vorgarten herum.

Ich bin der Hugo

Ich kann nicht so drauflos plappern. Wäre besser, wenn Sie fragen.
Also gut: Haben Sie Familie?
Ich hatte so was Ähnliches.
Wieso ähnlich?
Na, weil es nie zum richtigen Zusammenleben kam. Ich war auf Montage. Die Frau wartete, daß ich die dreckige Wäsche bringe. Der Sohn konnte »Onkel« zu mir sagen.

Wo hatten Sie Ihre Frau kennengelernt?
Na, auf der Baustelle. Sie machte die Kantine.
Dann wußte sie doch, was auf sie zukommen würde?
Ich bin auf sie zugekommen, und ich ließ nicht locker, bis es geklappt hat.
Das hat aber nicht geklappt.
Anfangs schon. Aber als der Junge kam, wollte sie nicht mehr Zugvogel sein.
Und Sie wollten weiterfliegen?
Wollte ich nicht, aber mußte ich ... oder wollte ich auch. War ja eine gute Arbeit für gutes Geld. Industrieschornsteine, hundert bis zweihundert Meter hoch. Das waren die Zeigefinger in der Landschaft. Jeder konnte sehen: Hier wächst was!
Aber die Familie brach dann auseinander.
So war´s.
Hat sich keine neue Frau gefunden?
Ich hab nicht gesucht. Das konnte man ja keiner Frau zumuten.
Und nun?
Nun sind die meisten Schornsteine wieder abgerissen. Die Firma machte dicht.
Aber Spezialisten werden doch immer gebraucht?
Nicht, wenn du über 50 bist und wenn dir oben die Knie weich werden.
Haben Sie noch Kontakt zum Sohn?
Er schickt zweimal im Jahr ´ne Karte.
Und Sie antworten?
Wenn ich ´ne Briefmarke in der Tasche habe. Ich möchte mal drei Tage und Nächte mit ihm reden, damit er begreift, daß ich kein Misthund bin.
Macht Ihnen die Einsamkeit zu schaffen?
Ach, über Wochen komme ich ganz gut zurecht. Aber wenn dann Geburtstag ist oder Weihnachten, und du hockst dann in der Bude ...
Gehen Sie deshalb zum Tanztee?
Deshalb nicht, aber da hab ich die Gisela getroffen und beobachtet. Eine feine Frau. Mit der im Gespann landet man nicht im Graben.
Aber die läßt sich wohl nicht gerne einspannen?
So hab ich das auch nicht gemeint. Sie kann sich auch auf den Wagen setzen. Ich ziehe sie schon, wohin sie will.

Haben Sie ihr das schon gesagt?
Nicht so, aber ähnlich.
Und?
Nix und, abwarten!
Das klingt so verbissen, als wäre es der letzte Versuch.
Ich weiß nicht, wie viele Versuche mir noch bleiben. Drum bleibe ich hartnäckig.

Ich bin der Arthur

Läuft das hier wenigstens unter Datenschutz, was ich von mir gebe? Ich hab nach der Wende schon hundert Fragebögen ausgefüllt. Und irgendwann kam das wie ein Bumerang zurückgeflogen: »Sie hatten doch mal einen Vertrauensposten im Osten?« – »War dieser Wirtschaftsrat eine politische oder eine kommerzielle Einrichtung?« – »Und in der Partei waren Sie sicher auch?« – »Ach, so, die hatten ja auch eine CDU im Osten!« – »Und wie kamen Sie zur Verdienstmedaille?« – »Hatte jeder irgendwann. Soso ...«

Also ich war nun wirklich ein kleines Rädchen im Getriebe. Ja schön, in den achtziger Jahren wurde ich ein mittleres Rädchen. Eigentlich wollte ich mal Handelsattaché im Ausland werden. Hätte auch beinahe geklappt. Da war in Manila eine Stelle frei. Aber da ließ mich der Arzt nicht hin: Nicht tropentauglich. Kann sein. Aber man weiß ja, wie das lief. Zum Glück kam dann nach der Wende die »Treuhandtauglichkeit«. Mit dem üblichen Mißtrauen. Egal, ich saß in Köln und schrieb Gutachten: Textil- und Lederbetriebe Ost. Niveau der Ausrüstungen und Produkte. Auftragslage und Personalbestand. Modernisieren oder liquidieren?
Das war so was wie Gehilfe der Scharfrichter. Ekelhaft. Aber gut bezahlt. Waren aber nur ein paar Monate. Und dann kam das, was ich in keine Bewerbung schreiben kann: Versicherungsvertreter, Autoverkäufer, Umschüler.
Die Familie war auf und davon zur Schwiegermutter. Scheidung war uns zu teuer. So lebe ich seit Jahren aus dem Koffer.
Wenn ich eine clevere Partnerin finden würde – so eine wie die Uschi – und wenn die dann noch ein Häuschen als Bürgschaft für die Bank hätte, dann würde ich mich selbständig machen – Schnellimbiß oder Immobilienmakler. Aber das wird wohl nichts. Zu spät. Bis ´95 ging alles im Osten. Jetzt ist die Beute verteilt.
Ich muß sehen, daß ich wenigstens noch einen Betthasen finde. Das wird auch immer schwieriger. Erst neulich stand in der Zeitung, daß immer mehr Frauen und Mädchen aus Ostdeutschland abhauen. Ist doch klar: Arbeit ist

nicht, Stütze reicht nicht, Zukunft verspricht nur das Horoskop. Das wird hier zum Altersheim und Armenhaus. Nebenan im Westen, im Süden und Norden läßt sich leichter ein Job finden und mehr verdienen. Die meisten von hier haben eine solide Berufsausbildung und ein gesundes Selbstvertrauen. Improvisieren haben sie auch gelernt. Ostweiber brauchen keinen Ernährer und keinen Beschützer. Und einen fürs Bett finden sie allemal, weil sie nicht so verklemmt sind wie die Damen vom Debütantenball, die erst die Konten klären und ihre Markengarderobe in den begehbaren Kleiderschrank hängen müssen.
Mir bleibt hier nur die »Resteverwertung«. Schlimme Zeiten! Also, bis zum nächsten Tanztee!

Liebe Unbekannte!

Gisela wußte aus ihrer Kindheit: Wenn man einen Stein ins Wasser wirft, dann bringt er viele Wellen zurück ans Ufer. So ähnlich wirkte nun ihre Annonce. Da lagen eine Woche später fünf Briefe auf ihrem Tisch:

»Liebe Unbekannte!
Heiße Ernst Rademacher, wohne in Jüterbog, bin 66, verwitwet und Nichtraucher. Würde Sie gerne näher kennenlernen.
Meine Telefonnummer ist: ...«

Das war denkbar knapp. Aber manchmal wachsen auch an trockenen Ästen schöne Früchte. Doch Jüterbog ist weit. Erst mal sehen, was die anderen schreiben:

»Hallo und Gruß aus Oranienburg von 64jährigem Witwer, der solide lebt, aber nicht versauern möchte. Ich habe – zum Glück – noch Arbeit, bin materiell versorgt, unabhängig und mobil. Eine verläßliche Partnerin möchte ich mit Liebe und Harmonie verwöhnen. Rufen Sie mich mal an. Bitte, abends unter der Nummer ...
Mit lieben Grüßen! Richard.«

Klingt gut! dachte Gisela. Diesen »Ritschi« sollte ich mir vielleicht mal angucken. Aber erst mal weiter sehen:

»Hallo, Unbekannte! Betrifft Annonce.
Bin gerade von Busreise zurück. Wußte nicht, daß man mit so vielen fremden Leuten so einsam sein kann. Möchte das ändern. Lebe in Zehdenick, bin 75, fahre PKW, gehe gerne Essen, auch Kaffeetrinken und Natur besichtigen. In meinem Alter hat man nicht mehr viel zu erwarten, aber an das Bißchen klammert man sich um so mehr. Geht es Ihnen auch so? Wir könnten es doch mal probieren. Ein Tag Sonne kann so viel Wärme geben! (Habe ich aus einem Buch abgeschrieben.) Bitte, mal anrufen ...«

Gisela legte diesen Brief nachdenklich zur Seite. Da schimmerten zwei Seelen durch das eine Blatt Papier, eine realistische und eine romantische. Das mit dem »einen Tag Sonne« ging ihr unter die Haut. Für sein Geständnis, abgeschrieben zu haben, gab sie einen Pluspunkt. Wenn er nur nicht so alt wäre. Aber was sagt schon der Jahrgang?
Dann zog sie einen seitenlangen Brief aus einem Umschlag. Und als sie den gelesen hatte, rief sie sofort ihre Freundin Uschi an:
»Ick bin´s. Haste schon Post jekriegt? ... Bei mir sind fünf Briefe anjekommen ...
Na, ja, jemischt ... Aber hier habe ick jetzt eenen, der is jenau deine Kragenweite. Hör mal, wat der schreibt:

›Als gelernter Physiotherapeut würde ich Dir gerne abends den Rücken massieren. Mit meinem Sportwagen würde ich Dich an ferne Küsten bringen.
In Deinem Koffer sollten natürlich der Bikini und das Abendkleid nicht fehlen. Du merkst – ich bin kein Opa-Typ. Ich habe einen kleinen Wellness-Salon, den mein Sohn weiterführt. So kann ich endlich Mensch sein. Willst Du meine ›Menschin‹ werden, dann laß uns testen, ob die Chemie stimmt.‹
Wat sagste dazu? ...
Warum ick nich zugreife? Haste mir mal im Bikini jesehn? Und wenn der mir den Rücken massiert ...

Wat heeßt: Der wird schon nich erröten? Erblassen wird er! Der hat doch als Masseur schon tausend nackte Weiber unter die Finger jehabt. Du kannst da jut mithalten mit deine Disco-Figur. Und die kleenen Schlüpper mit dem Schnürsenkel hinten inne Kerbe haste ooch. Ick heb dir den Brief uff ...

So, jetzt habe ick bloß noch eenen. Der muß aus seine Wohnung raus. Den schicke ick aber gleich zur Caritas, sonst steht er noch mit´m Koffer vor meine Tür. Zusammenziehen is nich. Jedenfalls nich die ersten drei Jahre. Oder wie siehst du det? ... Na klar: Du siehst det anders. Du bist eben anders ...
Jetzt bimmelt´s an meine Tür! Hoffentlich nich der. Ick leg uff. Tschüß!«

Gisela ging zur Tür, da stand ihre Tochter Claudia mit dem Enkelsohn Bastian. Die Tochter ließ sich hier nur selten blicken, wegen der ständigen Vorhaltungen von Mutter. Bastian kam öfter, wegen Omas reichlichem Taschengeld.
»Wat macht ihr denn in meine Jejend?«
»Wir waren bei unserem alten Zahnarzt«, erklärte die Tochter.
»Haste ´ne Plombe verloren?«
»Ich will den Bonusstempel nicht verlieren.«
»Richtig, Meechen, sonst mußte singen jeh´n vor die nächste Generalreparatur.«
»Und was treibst du? Das sieht hier ja aus, wie bei der Telefonseelsorge! Wer schreibt dir denn so viele Briefe?«
Gisela raffte schnell die Post zusammen, aber die Tochter hatte schon einen Brief in der Hand und las:
»... auf ein baldiges Treffen hofft Kurt Keilholz. Wer ist Kurt Keilholz?«
»Weeß ick noch nich.«
»Na, mußt du doch wissen! Oder hast du eine Heiratsannonce laufen? Sag, daß das nicht wahr ist! Warum sagst du nichts? Also doch!«
»Keene Heiratsannonce. Mehr so ´ne Kontaktanzeige, zusammen mit Uschi. Det werde ick doch noch dürfen, oder?«

Auf diese Erwiderung war Claudia nicht gefaßt. »Ist ja gut, ist ja gut! Ich wollte bloß Bescheid sagen, daß wir unser Reisegeld diesen Monat noch nicht zurückzahlen können, weil der Zahnarzt zwölfhundert Euro haben will.

Mir fehlt nämlich mehr als ´ne Plombe. Und wenn dein Kurt Keilholz aus dem richtigen Holz ist, dann schmeißt euch doch zusammen.«
»Ach, weeßte, mit die Kerle is det wie mit die Zähne: Erst mußte warten, bis se kommen. Denn machen se oft Schmerzen. Und eenes Tages sind se morsch und fallen einfach raus.«
Der Enkel Bastian hatte mit großen Augen zugehört und fragte:
»Warum gehst du denn nicht ins Internet, Oma? Ich kann dir meinen alten Computer herbringen. Da kannst du auch einen Farmer aus Kanada kennenlernen, oder einen Fabrikbesitzer aus Schweden.«
»Soll ick auswandern? Denn isset aber vorbei mit dem Taschenjeld!«
»Bloß nicht, Oma! Dann suche ich dir lieber einen Einheimischen im Internet.«

Wer hat Angst vor Hexen?

Während Gisela auf ihr Inserat »Topf sucht Deckel« noch drei weitere freundliche Einladungen erhielt, hatte Uschi mit ihrem Schlachtruf »Hexe sucht Teufel für Ritt auf dem Besen« die Männer in die Flucht getrieben. Nicht alle, aber die zwei, die geantwortet haben, kamen wirklich aus der Unterwelt. Der eine beschrieb die Ausmaße seines »Besens«, und der andere wollte seine Videokamera mitbringen.

Aber hat Uschi es nötig, sich mit dem Teufel zu verbünden? Kann sie anders keinen Mann finden? Nein, nein! Sie war ja schon verliebt, verlobt, verheiratet und auch geschieden. Beim Ex-Ehemann erstickte die Liebe unter der Käseglocke der Ehe. Nicht, weil er ein Hallodri war, sondern weil er ein Engel war: Er war von gleichbleibender Freundlichkeit. Er brachte ihr immer das Frühstück ans Bett. Er las ihr jeden Wunsch von den Augen ab. Er schimpfte nie, wenn sie eine neue Handtasche entdeckte. Er hatte die Kreditkarte schon in der Hand, wenn sie mit drei Fummel in die Umkleidekabine ging. Und wenn sie dann abends vom Einkaufsstreß Kopfschmerzen hatte, machte er ihr keine bösen Vorwürfe, sondern kalte Umschläge. So viel Harmonie nervt ungeheuer!

Der Mann nun, den ihr Gisela zugeschoben hatte, roch nach Lebemann. Der war Fitneßmanager. Sein Brief erwähnte den Sportwagen. Er fragte nach Bikini und Abendkleid. Da dürfte keine Langeweile aufkommen. Drum rief sie dort auch gleich an:
»Bin ich dort bei Weller?«
»Wellers Wellness-Studio. Was kann ich für Sie tun?«
»Einfach nur einen Termin nennen.«
»Massage, Aerobic oder Rückenschule?«
»Ich dachte mehr an Flirtschule. Es geht um die Kontaktanzeige.«
»Dann möchten Sie sicher meinen Vater sprechen. Hier ist Weller Junior.«
»Verzeihung, das ahnte ich nicht. Ist denn Ihr Herr Papa im Hause?«
»Zur Stunde besucht er Privatkunden.«
»Ach so.«
»Rufen sie doch gegen 18 Uhr noch mal an. Dann müßte er hier sein.«
»Na gut. Ich versuch ´s. Vielen Dank!«

Um 18 Uhr griff Uschi erneut zum Telefon:
»Ist da Weller Senior am Apparat?«
»Sind Sie der Topf ohne Deckel?«
»Nein, aber aus der gleichen Küche. Ich bin die Hexe ohne Besen.«
»Interessant! Treten Sie immer als Duo auf?«
»Nur bei Leuten, die verdächtige Hausbesuche bei Privatkunden machen!«
»Was ist daran verdächtig?«
»Na, zum Beispiel, daß die Damen sich entblößen müssen.«
»Hören Sie, verehrte Unbekannte: Für einen Therapeuten gibt es keine Männlein oder Weiblein, nur sächliche Lebewesen mit Gebrechen.«
»Also, was mich betrifft, so bin ich weder sächlich noch gebrechlich. Und wenn Sie den Unterschied nicht zu schätzen wissen, dann sind Sie für mich nebensächlich.«
»Aber ich bitte Sie, so war das doch nicht gemeint. Ich trenne nur gerne Beruf und Freizeit, oder Pflicht und Kür. Und da sie unter Kür fallen, würde ich Sie gerne mal zum Essen einladen. Weil wir in der gleichen Stadt wohnen, könnte das auch heute sein. Aber ich weiß ja nicht mal Ihren Namen, oder heißen Sie auch Gisela?«

»Ich bin die Uschi. Sie wurden mir weitergereicht von meiner Freundin Gisela. Und wenn Sie das nicht verunsichert, dann könnten wir uns mal beschnuppern.«
»Gut, um 20 Uhr im ›Wildschütz‹ beim flambierten Rehrücken. Da können Sie Ihre Feuerfestigkeit als Hexe beweisen – wenn Sie das nicht verunsichert.«

Uschi legte lächelnd auf. Uschi legte eilig ab, was sie anhatte. Uschi legte lässig um, was sie anziehen wollte. Uschi legte sich trällernd in die Wanne. Uschi baute sich vorbeugend einige Sätze zurecht, mit denen sie den Mann im »Wildschütz« erlegen könnte. Uschi lag ziemlich lange im Wasser. Uschi war nicht ganz wohl dabei. Müßte sie erklären, warum Gisela abgesprungen ist? Sollte sie begründen, warum sie eingesprungen ist? Würde sie hinterher bereuen, was dabei rausgesprungen ist? Aber wie soll man das Glück finden, wenn man nicht auf die Suche geht?

Uschi und Gisela hatten schon öfter gestritten, ob eine Frau schön sein muß, um geliebt zu werden, oder ob sie geliebt werden muß, um schön zu sein. Da sie sich nicht einigen konnten, kommt Uschi meist geschminkt daher, während Gisela derlei ablehnt. Die Folge davon ist, daß man über Uschi stolpert, während man nach Gisela suchen muß. So auch bei solchen Verabredungen. Uschi hatte eine Stunde daran gearbeitet, zehn Jahre jünger zu werden. Mindestens fünf waren ihr auch gelungen. Sie handelte getreu ihrer Überzeugung, daß in dieser Welt des gnadenlosen Konkurrenzkampfes eine raffinierte Verpackung die Basis jedes Verkaufserfolges ist. Beim Verlassen ihrer Wohnung konnte sie sich zur Kategorie »Sondermodel« rechnen.

Im »Wildschütz« roch es nach Rosmarien, Lorbeer und Thymian. Es war ein Restaurant für gehobene Ansprüche, aber mit rustikalem Interieur. Uschi war hier schon mal bei einer Geburtstagsfeier ihres früheren Chefs gewesen. Nun steuerte sie auf den Oberkellner zu, fragte nach Weller Senior und ließ sich zwischen den Tischen im flackernden Kerzenschein zu jenem Herrn geleiten, der sofort aufsprang und sie mit einem Handkuß begrüßte.
»Werner Weller! Ich bin entzückt!«
»Uschi Bolz. Ich bin verspätet.«

»Die Zeit, die eine Frau am Altar der Schönheit opfert, ist nie verlorene Zeit!«
»Danke für die Nachsicht. Mich frustriert nur, daß der Aufwand immer größer wird.«
»Das ist aber die Existenzgrundlage für mein Wellness-Studio.«
»Hatten Sie nicht von ›Ruhestand‹ geschrieben?«
»Ganz recht, aber bei mir ist jeder Ruhestand immer nur der Anlauf zu neuen Taten.«

Nun hatte Uschi das Radarsystem ihrer Augen eingeschaltet, um das Profil dieses Mannes abzutasten. Er war sportlich und adrett gekleidet. Er trug die provozierende Bräune seiner Sonnenbänke zur Schau. Seine Zähne waren zu gut, um echt zu sein. Die Goldkettchen am Hals und am Arm sollten ihm wohl einen Touch von Monte Carlo geben. Auf Uschi wirkte das aber eher wie bei einem Zuhälter. Das konnte aber auch an der Tätowierung liegen, die am Hemdkragen des Herrn hervorschaute. Sie sah aus wie die Fingerspitzen einer Frauenhand. Gegen Mitternacht wußte sie, daß es der Kopf einer Kobra war, die sich über seinen ganzen Leib schlängelte, aber zum Glück noch nichts abgebissen hatte.

Der Bericht, den Uschi anderntags bei Gisela abgeben mußte, bestand aus fünf Sätzen: »Für einen Fitneßprofi braucht er erstaunlich viel Zeit zum Warmlaufen. Er erzählte, daß er eine neue Filiale plant und mich gern als stille Teilhaberin hätte. Aber still sein und teilen sind nicht meine Stärken. Ansonsten war es ganz amüsant.«

Zwei Tage später hatte Gisela ihr Treffen mit Richard, dem »Witwer, der solide ist, alleine lebt, aber nicht versauern möchte«. Natürlich hatte auch Uschi gleich hinterher angerufen, um zu hören, welchen Eindruck Gisela von diesem »Ritschi« gewonnen hatte. Aber auch Gisela hatte nur fünf Sätze auf der Zunge:
»Also, weeßte: Der is 64, aber wirkt wie 84. Det kann ooch an seine Klamotten liegen. Sonst isser ja nich verkehrt. Der hat noch Arbeit und fährt Auto. Aber meinen Kaffee mußte ick alleene bezahlen. Haste sowat schon erlebt?«
Uschi lachte am anderen Apparat: »Was ich immer sage: In diesem Alter

wachsen nur die Nägel und der Geiz. Aber hattest du nicht noch einen auf der Abschußliste? Den Mann mit den zwei Seelen, der dir einen Tag Sonne geben möchte?«
»Der is morjen dran, um halb viere, unten im Strandcafé. Kannst ja hinkommen.«

So was muß man Uschi nicht zweimal sagen. Eine Viertelstunde vorher hatte sie zwei Tische hinter Gisela Stellung bezogen. Um halb saßen sie immer noch allein an ihren Tischen. Um dreiviertel kam ein bärtiger Mann mit dem Anzeigenblatt unter dem Arm herein. Der ging am Stock und war offensichtlich einen halben Kopf kleiner als Gisela. Gleich nach ihm kam auch Hugo der Hartnäckige herein. Worauf Gisela aufstand und das Kaffee verließ. Das schickt sich zwar nicht. Aber Uschi bezahlte schnell die Rechnung für beide und bestätigte hinterher, daß das eine Art Notwehr gegen böse Überraschungen in den Kontaktanzeigen war.

Dieser Ritschi schrieb aber noch am selben Tag einen zweiten Brief an Gisela:
»Liebe Frau Gisela,
ich hatte das Gefühl, daß Sie anwesend waren, als ich das Café betrat. Das Wort ›betrat‹ klingt vielleicht etwas hochstaplerisch für einen, der da reingehumpelt kommt. Aber Sie müssen wissen, daß ich einen Arbeitsunfall hatte, der aber in wenigen Wochen verheilt sein wird. Es geht heute halt überall um Tempo. Da kommt dann der Arbeitsschutz zu kurz. Aber wer darüber meckert, steht schnell auf der Abschußliste.
Nun ja: Wenn Sie mich dort gesehen haben, werden Sie auch bemerkt haben, daß ich nicht größer bin als Norbert Blüm. Der hatte es immerhin mal bis zum Arbeitsminister gebracht. Solche Pension kann ich Ihnen nicht bieten, aber höhere Absätze für meine Schuhe wären noch drin. Ich will sie ja nicht unter Druck setzen. Im Gegenteil, ich will ihnen helfen – wenn Sie unter ähnlichen Umständen leben – die Lasten leichter zu tragen. Sollte also ein plötzlicher Besuch oder eine Krankheit Ihr Erscheinen verhindert haben, komme ich gerne noch mal an einen Ort Ihrer Wahl. Bis dahin hofft weiter, Ihr Richard.«

An diesem Brief hatte Gisela wieder zu kauen. Hinter jedem Brief stand schließlich ein Mensch. Sonst sind es doch die Frauen, die zum Klammern neigen. Hier klammerte nun Ritschi als wäre er Hugo. Aber zwei Hartnäckige an den Versen? Das war mindestens einer zu viel. Und wie soll das gehen, wenn der Deckel kleiner ist als der Topf?
Uschi würde sagen: Wenn das Konto dafür etwas größer ist, vergißt man das. Aber Gisela war eben nicht Uschi.

Der Enkel greift ein

Giselas Tochter Claudia war beunruhigt. Sie wußte nicht, was sie mehr fürchten sollte: Daß Mutter Tag und Nacht allein in der Wohnung hockte und trüben Gedanken nachging – oder daß irgendein fremder Mann daherkommen könnte, der seine trüben Absichten an Mutter ausprobierte. Die Zeitungen sind ja voll von solchen Geschichten! Und wenn sich Mutter schon auf dem Heiratsmarkt anbot, dann ließ das doch eine Art Torschlußpanik vermuten? Das ist eine Form psychischer Zerrüttung, genährt durch ein Trauma der Minderwertigkeit, das von den Werbestrategen subversiv gegen alle Frauen über 40 verbreitet wird und dessen Opfer dann leicht zur willenlosen Beute gewissenloser Heiratsschwindler werden.
Die Tochter hatte sich bisher immer damit beruhigt, daß Mutter eine relativ robuste Gesundheit hatte, die sie nicht so bald zum Pflegefall machen würde. Wenn aber nicht der Körper, sondern die Seele ins Schleudern kommt, dann ist das ein Pflegefall besonderer Art. Das verlangte zuerst, Mutters Außenkontakte unter Kontrolle zu halten. Und so viel hatte Claudia indessen vom Bundesinnenminister gelernt, daß man bei jedweden Risikogruppen im Computerzeitalter die Datenspeicher unter die Lupe nehmen muß. Da Mutter, außer ihrem Handy, der Fernbedienung und dem Blutdruckmesser, keinerlei elektronische Hilfsmittel benutzte, mußte man ihr zunächst ein trojanisches Pferd in die Wohnung stellen.

Claudia rief ihren Sohn herbei und lobte ihn für den Einfall, Oma den alten Computer zu schenken.

Bastian fragte als erstes: »Muß ich den putzen, oder machst du das?«
»Wenn du ihn vom Boden holst, mach ich ihn sauber.«
»Und wie soll ich ihn hinbringen? Das Zeug ist schwer. Fährst du mich hin?«
»Wenn wir beide damit aufkreuzen, sieht das nach einem Komplott aus. Du kannst doch meinen Einkaufswagen nehmen. Oder paßt das da nicht rein?«
»Könnte gehen. Aber Oma kriegt doch Schreikrämpfe, ehe sie das Ding zum Laufen bringt.«
»Soll sie ja, damit du jederzeit Nachhilfe geben kannst.«
»Verstehe«, sagte Bastian, »Lauschangriff!«
»Genau! Am besten du baust gleich ein paar Macken zusätzlich ein. Wir müssen wissen, mit wem sie Kontakt aufnimmt und was da so Sache ist.«
»Alles klar! Ich hole die Kiste gleich runter!«

Bastian stieg auf den Boden. Claudia suchte Lappen und Pinsel. Beide machten den Computer zum Angebot aus erster Hand. Dann verstaute Bastian die Teile in Mutters Einkaufswagen und zottelte damit zur Oma.

»Wat bringst du denn da anjeschleppt?«
»Meinen alten Computer. Da kannst du Spielchen machen oder elektronische Briefchen verschicken oder dein Bankkonto verwalten oder im Internet chatten ...«
»Du gloobst doch nich, det ick mir uff den modernen Schnickschnack einlasse? Oder brauchste bloß Taschenjeld?«
»Aber Oma! Sag lieber, wo du die Kiste hinhaben willst.«
»Wieviel is denn det?«
»Monitor, Rechner und Tastatur. Die Tastatur braucht das Fensterlicht von links. Der Rechner sollte kühl stehen unterm Arbeitstisch. Und der Bildschirm darf nicht spiegeln, den müssen wir ins Gegenlicht rücken. Dann fehlt ein Bürostuhl mit Rückenstütze, Stromanschluß, und später brauchst du einen Platz für den Drucker und den Scanner, wenn dir das wichtig ist.«
»Mir is wichtig, det ick nich die janze Bude umbauen muß.«
»Mußt du nicht, Oma. Aber so bist du nun auf der Höhe der Zeit.«
Während Bastian nun emsig ans Verkabeln ging, ging seine Oma ihren

Gedanken nach: »Weeßte, Junge, ick wunder mir immer, wat allet dazu jehört, um heute uff der Höhe der Zeit zu sein. Als Adam und Eva verkuppelt wurden, reichte ´n Appel. Heute hörste im Fernsehen: Mein Haus, mein Auto, meine Yacht ... Und denn loofen se nach zwee Jahre wieder auseinander, weil eener mit zwee Yachten uffkreuzt. Jenau so mit die Schreiberei: Früher brauchteste ´ne Tischecke, ´n Stück Papier und ´ne Jänsefeder. Heute schleppst de mir zehn Stromfresser ran, die zum Warmloofen mehr Zeit brauchen als ick für ´ne Postkarte. Det is doch allet Wahnsinn. Und wenn de det allet bezahlt hast, biste nich uff der Höhe der Zeit, sondern im Keller.«
»Nicht doch, Oma. Die Sachen sind doch geschenkt. Sonst zahlst du natürlich allein für die Software einige Hunderter.«
»Wat is Zoff-Wehr? Ick kenn bloß Landwehr.«
»Nicht Zoff, sondern ›soft‹, das heißt sanft und meint die Programme. Zoff kriegst du damit aber auch, wenn der Computer mal spinnt.«
»Wat denn, der spinnt?«
»Nur, wenn du auf die falschen Tasten kommst.«
»Aha, und denn kommst du als Psychiater für mir und die Kiste?«
»Genau! Und jetzt kannst du dich ransetzen und sehen, was er alles kann ...«

Die Erprobung dauerte so lange, bis Tochter Claudia anrief und fragte, ob Oma und der Computer noch betriebsfähig sind. Bastian konnte das nicht eindeutig beantworten. Er mußte dann nach Hause.
»Ich laß die Geräte eingeschaltet, Oma, dann kannst du noch ein bißchen üben.«
»Um Jottes Willen«, rief Gisela. »Wenn du die Kiste nich jleich abschaltest, denn brauche ick heute nacht ´n Notarzt!«

Als Bastian gegangen war, starrte Gisela auf die kleinen grauen Kästen, von denen es heißt, daß sie die Erde mehr verändern als die großen Dampfmaschinen. Doch der Enkel ging damit genau so geschickt und respektlos um, wie sein Opa als Kind mit den Bauklötzern.
Über den Generationskonflikt sind schon viele Bücher geschrieben worden. Den gab es zu allen Zeiten. Aber nie war er so kraß wie heute: Wann schrieb Oma mal einen Brief? – Die Jungen simsen zehn Mal am Tag per

Handy. Wann schaute Oma in ein Lexikon? – Die Nachgeborenen holen sich per Mausklick das Wissen der Welt in die Stube. Die Alten pflegen ihren Besitz als Erbgut. – Die Jungen feiern die Wegwerfgesellschaft. Oma kam auf fünf Urlaubsreisen innerhalb Deutschlands. – Die Enkel haben schon zehn Auslandsreisen hinter sich. Die Grauköpfe seufzen: »Borgen bringt Sorgen!« – Die Nachkommen lachen: »Heute kaufen – morgen zahlen!« Die Alten versuchten, die Welt zu verbessern. – Der Nachwuchs strebt nach Selbstverwirklichung. Bücher nehmen die Enkel kaum zur Hand: Zu dick, zu schwer, zu wenig Bilder. – Sie zocken am Zweitfernseher Ballerspiele.

Das einzige verläßliche Band in der Sippe scheint der zinslose Kredit und die gelegentliche Katastrophenhilfe. Na ja, und eine mit den Jahren gewachsene Zuneigung, die wie die Borke den Baum schützt. So ist es. Da ist man stolz, wenn der Stamm halbwegs gerade wächst. Und Meckern hilft da gar nicht. Außerdem hat manches Neue so gute Seiten, daß bei den Alten Neid aufkommen könnte.

Aber wollen nicht alle Eltern, daß es den Kindern mal besser geht? Wenn es doch nur gelänge und dauerhaft wäre! Doch wer erklärt ihnen, daß das kleine Glück des Einzelnen nur von Dauer sein kann, wenn es eingebettet ist in das große Glück einer gerechten Gesellschaft? Und wie soll das gelingen, wenn jung und alt so wenig beeinflussen können, was sie beeinflußt?

Darauf weiß auch das neunmalkluge Elektronenhirn keine Antwort. Wer sich auskennt im Netz, der findet solche Signale, die Licht in die Köpfe tragen. Aber ein Gramm Wahrheit liegt oft zwischen drei Zentnern Geröll. Das braucht einen langen Atem.

Der große Fischzug

Inzwischen hatte sich Gisela ihren PC bei einem Einsteigerkurs im Seniorenclub erklären lassen. Denn wenn Bastians alter Computer wirklich ihre neue Verbindung zur Welt werden sollte, dann wollte sie das Einmaleins der Handhabung halbwegs beherrschen.

Das Fazit des Lehrgangleiters lautete: Erst wenn man das Gerät hundert Mal verflucht hat, wird man es zehn Mal preisen. Doch – egal wie lange die Einarbeitung dauert – am Ende wird man nicht verstehen, wie man jemals ohne diese Kisten leben konnte!

Als sie den letzten Absagebrief an einen Lustgreis aus dem Anzeigenblatt in die Tastatur des Computers gegeben hatte und den Druckauftrag auslösen wollte, fiel ihr auf, daß sie noch gar keinen Drucker hatte. Sie rief den Enkelsohn an und fragte, was sie machen sollte. Der riet, den Text zu speichern. Er würde dann kommen, den Brief kopieren und bei sich ausdrucken.
Seine Mutter lobte ihn für das kluge Verfahren, mit dem sie Einblick in Omas Ansichten und Absichten erhalten würden. Aber gerade das wollte Gisela nicht. Deshalb probierte sie zum dritten Mal am Telefon, ob Freundin Uschi endlich aus Dresden zurück war.

Sie war! Uschi hörte mit Staunen, wie Gisela die Tür zur Neuzeit aufgestoßen hatte und versprach gleich rumzukommen. Es gäbe ja so viel aus Dresden zu berichten!
Eine halbe Stunde später saß sie dann neben Gisela vor dem Monitor, tippte die Adresse einer »Suchmaschine« ein, gab das Stichwort »Partnervermittlung« an und hatte sofort zwei Dutzend Adressen: »Von Herz zu Herz«, »Partner-Scout«, »Freunde fürs Leben«, »Single-Börse«, »Online-Affairen«, »Sexi-Dating«, »Private Kontakte«, »Seitensprung« ...

Gisela war erschrocken: »Det is ja wie uff de Reeperbahn!«
Darauf Uschi: »Man merkt, daß du da noch nie warst! Da geht es mit Anfassen. Hier ist das nur virtueller Spaß.«

»Na, du mußt det ja wissen! Stop mal ... wat is´n det da? Das steht ›Testsieger für gehobene Ansprüche‹.«
»Da können wir gleich mal reingucken ... Na, bitte ... die Startseite ... Die wollen erst mal was von dir wissen:

ICH BIN ....« Gisela kommentiert: »... zu viel alleene.«
»ICH SUCHE ....« »... eenen Kerl, dem det ooch so jeht.«
»MEIN WOHNORT ....« »... is ... na, weeßte doch!«
»MEIN STERNZEICHEN ....« »... Na, Jungfrau!«
»MEIN ALTER ....« »... is vor fünf Jahren verstorben.«

Uschi winkte ab. »So wird das nichts. Guck mal, was da oben steht: Mitgliedsnummer, Benutzername, Paßwort ... Wir müssen also erst mal diesem Verein beitreten und irgendwelche Gebühren entrichten.«
»Und denn?«
»Dann blättern die ihren Katalog mit geeigneten Männern auf. Bei derzeit 40.000 Mitgliedern müßten doch mindestens 10.000 für uns dabei sein.«
»Um Jottes Willen – 10.000? Wir haben doch für fünf Jungs schon fünf Wochen jebraucht!«
»Je genauer wir unsere Wünsche äußern, um so kleiner und paßgerechter wird das Angebot. Vielleicht bleiben da auch nur fünf Männer übrig?«
»Na, denn können wa ja ooch zum Tanztee jehn.«
»Ach, hast du wieder Blumen von deinem Hugo bekommen?«
»Hast du deinen Kölner Beamten in Dresden jetroffen?«

Die Pause, die nun eintrat, war Gisela verdächtig. »Nu sag mal, wat haste denn in Dresden allet erlebt?«
»Ich denke, du wolltest dein Netz im Netz auswerfen?«
»Klar, aber bevor de nach Dresden bist, wollten wa noch beede die Netze auswerfen! Haste da wieder eenen Märchenprinzen jefunden?«
»Märchenprinz ist gar nicht so übertrieben. Du kennst doch die Semperoper? Die sieht doch mit ihren Säulen, Marmortreppen, Kristrallüstern und Wandgemälden wirklich wie ein Traumschloß aus.«
»Stimmt. Und da stand der Prinz mit sein Pferd vor die Tür.«

»Warte doch ab! Ich war da zu einem Ballettabend. Eine Truppe aus Stuttgart. Sehr modern. Eigentlich zu modern. Mir fehlen da immer die Tutus. Du weißt schon – diese duftigen Röckchen.«
»Ach, und nu willste Stoff für se sammeln?«
»Also manchmal bist du unsensibel wie ein Landei, Gisela!«
»Eier sind aber sehr zerbrechlich!«
»Ich sitze also im Parkett und der Platz neben mir ist frei. Und gerade als es dunkel wurde, schlängelt sich ein Herr durch die Reihe und setzt sich auf den Platz neben mir.
›Sie gestatten, gnädige Frau?‹
Ich sagte: ›Bitte!‹ Viel lieber hätte ich ›Bitte, bitte!‹ gesagt! Der Mann war groß, stattlich, graumeliert, der Anzug nachtblau mit Nadelstreifen und der Duft! Ich vermute mal Yves Saint Laurent. Jedenfalls nicht Adidas oder Rexona. Der Mensch fühlte sich in der Oper wie zu Hause. So was merkt man. Und weil ich per Zufall an die Karte gekommen war und kein Programmheft hatte, fragte ich dann, ob nun das hauseigene Ballettcorps zu erwarten sei.
Da hatte ich aber eine Schleuse geöffnet! Der erzählte gleich, daß dies ein Gastspiel sei, wer der Choreograph der Truppe ist, welche eigenwilligen Besonderheiten seine Inszenierung hat, und so weiter. Und weil er mir während der Vorstellung immer Rang und Namen der Solisten zuflüsterte, mußte er immer dichter an mich ranrücken, um die anderen Zuschauer nicht zu belästigen. Also, dieser Duft ... «
»Na, denn koof dir doch ´ne Flasche für dein Koppkissen.«
»Ich merke schon: Das interessiert dich alles nicht.«
»Nu erzähl schon: Hat er dir ins Hotel jebracht?«
»Ging nicht. Ich hab doch bei meiner Tochter gewohnt!«
»Denn biste also mit zu ihm?«
»Ging auch nicht. Er spielt im Orchester der Oper und ist mit der Harfenistin verheiratet.«
»Denn hat er ooch keene Zeit mit dir zu spielen!«
»Weiß ich ja.«
»Denn mach doch weiter hier!«

»Na schön. Also, was denn nun: Wollen wir rein in die Agentur, dann müssen wir uns anmelden, oder nicht?«
»Ick weeß nich.«
»Aber ich! Los jetzt. Benutzername: Lola. Und du?«
»Na, Gisela.«
»Quatsch. Guck mal: Die hier nennt sich ›Sonnenblume‹. Und wie willst du heißen: ›Herbstaster‹ oder ›Heckenrose‹?«
»Denn schreib lieber ›Primel‹.«

Eine Stunde später waren die beiden Damen unter vielem Gegacker beim Test zum Persönlichkeitsprofil angekommen:

»Wenn Sie zwischen den drei abgebildeten Autos wählen könnten – mit welchem würden Sie am liebsten fahren:
a) Golf
b) Peugot 406
c) Mercedes-Cabrio mit Ledersitzen?«

Gisela schüttelte den Kopf: »Ick bleib bei meinen kleenen Nissan.«
Uschi notierte für sich den Mercedes und sagte: »Wenn ich vorbeiflitze, werde ich winken.«
Gisela knurrte: »Wenns denn jerade regnet, werfe ick dir ´n Rettungsring zu!«
Aber Uschi war schon ganz in der Rolle: »Hören sie, meine Werteste, der Wagen hat einen Regensensor, der innerhalb von 15 Sekunden automatisch das Dach schließt!«
»Wenn die Karre so wat merkt, denn darfste dir aber nich inne Hose machen oder losflennen, sonst sitzte im Dunkeln!«

»Welche Fehlhandlungen würden Sie ihrem Partner nie verzeihen:
a) Er kommt immer zu spät zum Essen
b) Er trägt am liebsten seinen Jogginganzug
c) Er kommt von seinen Ex-Partnerinnen nicht los.«

»Na sach mal: Ham die da bloß Ramsch anzubieten?«
»Aber Gisela! Die fragen doch, um den Ramsch vorher auszusortieren. Jeder Mensch hat seine Macken. Du doch auch!«
»Ick esse pünktlich. Ick zieh mir ordentlich an ...«
»... und du nimmst das Bild von deinem verblichenen Gatten nicht von der Wand!« stichelte Uschi. »Wer einen Gebrauchtwagen kauft, muß Kompromisse eingehen. Bei Gebrauchtmännern ist das genauso. Entweder kommt der Motor nicht mehr auf Touren, oder er säuft zu viel Sprit, oder der Knüppel der Gangschaltung ist abgegriffen.«
»Wat meinsten du mit Knüppel? Ick fahr doch Automatik!«

Uschi winkte ab: »Sag mal, was deine Hobbys sind!«
Gisela überlegte: »Kochen, Backen, Stricken, Lesen ... und Kreuzworträtsel.«
»Das kannst du in deine Bewerbung fürs Seniorenheim schreiben!«
»Det is aber wahr!«
»Das ist doch nur die halbe Wahrheit. Du möchtest noch was von der Welt sehen. Du gehst gerne mal tanzen. Du hast eine Modezeitschrift abonniert. Du hörst gerne Musik. Du warst mal im Ruderclub. Vielleicht möchtest du mal in den Golfclub?«
»Wenn se da juten Kaffee kochen ...«
»Also ich schreibe bei mir: Tanzen, Reisen, Sterne zählen, Falten wegstreicheln ...«
»Und denn kriegste eenen, wo keen Streicheln mehr hilft, nur ´ne Dampfwalze!«
Uschi drängte weiter: »Welche Zeitungen und Zeitschriften liest du?«
Gisela überlegte: »Det jeht die doch jar nüscht an, wat ick lese! Schreib meinetwejen, den KURIER und det Heft vonne Volkssolidarität.«
»Gut, dann schreibe ich WELT und GALA.«
»Uschi, du bist ´ne Hochstaplerin! Damit wärste früher inne Konfliktkommission jelandet. Aber heute kriegt man ja bloß Konflikte, wenn man zu bescheiden is.«

Platzhirsch und Keiler

Obwohl Hugo und Arthur den Tanztee im Haus der »Herbstzeitlosen« stinklangweilig fanden, zog es sie immer wieder dorthin. Die Zufallsbegegnung mit Uschi und Gisela hatte die beiden Einzelgänger offenbar süchtig gemacht. Und wie das so ist: Wenn die Sucht nicht befriedigt werden kann, schlägt sie um in Entbehrungs-Aggression. Noch waren die Anzeichen dafür relativ harmlos. Statt freundlich zu lächeln, guckten sie grimmig in die Runde. Statt die Nähe der anwesenden Damen zu suchen, suchte jeder der beiden zuerst den Tisch des Leidensgefährten. Und dort hockten sie dann so, daß sie nicht die Tanzfläche, sondern den Eingang unter Kontrolle halten konnten. Die Kellnerin wußte wortlos, was an diesem Tisch fällig war: zwei Bier, vier Korn und Rotwein zum Nachspülen. Sie fragte nur noch: »Das Übliche?« Dann nickten die beiden und starrten weiter vor sich hin. Selbst wenn Günti, der Diskjockey, den Evergreen auflegte, wonach mit 66 Jahren das Leben erst anfängt, blieben die beiden mit hängenden Ohren sitzen. So war denn ihr Tisch – auch bei der Damenwahl – eine allseits respektierte Sperrzone.

Kein Zweifel: Diese Männer mußten ein unbehagliches Zuhause haben und trafen sich hier nur zur Klärung wichtiger Existenzprobleme. Heute ging es um die heikle Frage, ob sie irgendwas bei Uschi und Gisela falsch gemacht hatten. Der wortkarge Hugo schüttelte nur verständnislos den Kopf.
Aber Arthur quälten Selbstzweifel: »Du hast mal gesagt, daß meine Fliege nicht hierher gehört.«
Hugo nickte. »Stimmt. Aber du wolltest ja als Halbwessi unbedingt den Platzhirsch spielen.«
»Den Platzhirsch kannst du streichen«, meinte Arthur. »Wie du siehst, habe ich heute eine ganz ordinäre Krawatte um. Genau wie du als Keiler aus dem Osten. Ich kann mir das auch leisten, weil ich nicht so maulfaul bin wie du. Aber wenn du nicht bald eine Flirtschule besuchst, dann wirst du bei den Weibern keinen Stich machen. Übrigens: Ohne die Fliege hätte die Uschi nie angebissen. Die paßt nämlich auch nicht hier rein.«
»Wer hier nicht reinpaßt ist die Gisela! Aber die hängt offenbar bei der Uschi im Schlepptau.«
»Na bitte: Da hast du das ganze Dilemma – die Weiber sind Herdentiere! Die gehn ja nicht mal alleine auf Toilette. Aber ich. Und zwar sofort. Bestell uns mal noch `n Korn.«

Als Arthur an den Tisch zurückkam, war Hugo nicht da. Eine Frau mittleren Alters und mittlerer Schönheit hatte die Damenwahl genutzt, um nicht weiterhin ihre Tischnachbarin herumschwenken zu müssen. Sie legte dann auch eine kesse Sohle aufs Parkett. Sie ahnte aber nicht, daß sie damit bei Hugo keine Pluspunkte machen konnte. Nach zwei Tänzen brachte er sie an ihren Tisch zurück.

Arthur hatte sich inzwischen von der Kellnerin ein Stück Papier bringen lassen und die Seite mit einem dicken Strich in zwei Hälften geteilt. Links schrieb er drüber VORTEILE, rechts schrieb er NACHTEILE.
Hugo fragte verwundert: »Machst du jetzt deine Buchhaltung hier?«
Arthur sagte mit schwerer Zunge: »Nicht meine Buchhaltung, sondern unsere Lebensbilanz. Wir müssen mal aufrechnen, was uns glücklich macht und was uns unglücklich macht, sonst finden wir nicht die Kraft zum Ausbruch! Also: Was ist der Vorteil vom Alleinsein?«

Hugo kraulte sich den Kopf und meinte: »Das ist rundum Scheiße. Sag doch mal selber!«
»Falsch!« rief Arthur. »Wenn du alleine lebst, kannst du nach Hause kommen, wann du willst.«
»Ich will aber gar nicht nach Hause, weil da keiner auf mich wartet.«
»Das fällt unter zeitweilige Frustration und hängt mit dem Vollmond zusammen. Weiter: Der zweite Vorteil ist, daß du den ganzen Abend im Fernsehen Fußball gucken kannst.«
»Ich gucke aber ganz selten Fußball.«
»Na schön, dann ist das eben dein Nachteil. Und noch ein Nachteil ist, daß du dir das Bier alleine aus dem Kühlschrank holen mußt.«
»Ein Vorteil ist, daß ich Waschpulver spare«, meinte Hugo. »Ich kann meine Hemden die ganze Woche tragen.«
»Das ist aber unhügelje ... unitalien ... unanständig«, warnte Arthur. »Und wenn dann das Hemd in die Wäsche muß, gibt es zwar eine Waschmaschine, aber keine Bügelmaschine!«
»Du sagst es!« nickte Hugo.
Das gab Arthur Auftrieb: »Und ich sage dir noch zwei Vorteile: Du mußt nicht vor jedem Schuhladen stehenbleiben. Und wenn du auf der Couch lümmelst, ruft keiner: ›Bring mal den Mülleimer raus!‹ Oder: ›Mach doch endlich mal die Gardinenstange fest!‹«
Doch an dieser Stelle rief Hugo: »Stop, Arthur! Du hast als Akademiker zwei linke Hände. Gib´s zu, du hast keinen Werkzeugkasten im Haus. Aber ich! Und wenn ich dann zu Hause den Tischler, den Klempner und den Elektriker ersetzt habe, dann lobte meine Verflossene meine ›goldenen Hände‹.

Die sagte wirklich ›goldene Hände‹ zu meinen Pranken. Und dann hat sie immer was Besonderes gekocht oder gebacken. Die machte eine Käsetorte mit Rosinen ... die kriegst du in keiner Konditorei!«
»Mensch, Hugo, du hast ja deine Alte immer noch im Huckepack bei dir. Wie willst du denn da eine Neue finden? Du bringst hier immer bloß die Nachteile ins Spiel. Denk doch mal an die vielen Vorteile: Dein Geld ist dein Geld. Deine Bettdecke zieht dir keiner weg, wenn du müde bist. Du kannst pupsen wann du willst und wo du willst ...«
»Schon, schon«, stöhnte Hugo. »Aber was soll das Geld, wenn du keinem eine Freude machen kannst? Wenn dich keine unter ihre Bettdecke zieht, bist du auch nicht froh. Für Blähungen gibt es den Balkon. Und wenn du da die Tür zu weit offen läßt, und sie ruft von drinnen ›Gesundheit!‹, dann hast du wenigstens was zu kichern. Das fällt doch sonst völlig aus. Nee Arthur, schmeiß den Zettel weg. Alleinsein ist Scheiße! Und wenn dann noch eine Gallenkolik kommt und du kriechst auf allen Vieren, dann hast du keinen, der den Notarzt ruft. Da kannst du elendig verrecken ...«

Der letzte Hieb hatte gesessen! Arthur starrte mit bleichem Gesicht und glasigen Augen lange vor sich hin. Doch dann raffte er sich auf und sagte: »Ich hasse Krankenhäuser! Den letzten Punkt notiere ich deshalb unter Vorteil. Und jetzt trinken wir noch einen Kräuterschnaps. Das ist das einzige, was gegen Gallenkoliken hilft. Bedienung! Zwei doppelte Magenbitter!«

Als die Männer spät am Abend nach Hause wankten, wollte Hugo eigentlich noch mal an Giselas Fenster vorbeigehen. Aber da sein Gehen mehr ein Sich-gehen-lassen war, hat er sich das verkniffen. Außerdem hatte sich Arthurs Mahnung in seinen Kopf eingegraben, daß er unbedingt eine Flirtschule besuchen sollte, um bei den Damen Punkte zu sammeln. Aber Gisela war doch eine Frau und keine Dame? Oder ist das schon die erste Lektion in der Flirtschule, daß jede Frau wie eine Dame behandelt werden möchte?

Oma wird vertauscht

Giselas pfiffiger Enkel Bastian hatte schon länger das Gefühl, daß er als Brautwerber für Oma eingreifen mußte. Die Interessenten im Internet fand er sehr bedenklich, wegen des hohen Anteils an Bewerbern aus der Unterschicht. Er hörte ja täglich im Fernsehen von der drohenden Altersarmut. Und weil er für die beste Oma der Welt auch den besten Partner ranschaffen wollte, suchte er nach einem Zugang zu ihrer Internet-Annonce. Mit dem richtigen Text müßte sich doch der richtige Macker finden lassen, der die ganze Familie unter ein Dach bringt, irgendwo in den Alpen oder am Meer, mit Swimmingpool, Yacht und Knete für alle. Das muß doch zu machen sein, bei den Königsberger Klopsen, die Oma kann!
Aber seit Oma ihren Computer an die versierte Freundin Uschi weitergereicht hatte, waren die Lauschangriffe von Tochter und Enkel zunehmend erschwert. Nur gut, daß Bastian noch als »Haustechniker« bei Uschi Zutritt hatte. Drum kannte er auch die Agentur der beiden und auch deren Kundennamen und Paßwörter. Er wußte, daß sie sich »Lola« und »Primel« nannten. Er ging aber davon aus, daß seine Oma die »Lola« sei, weil seine Mutti öfter davon sprach, daß Oma ein schräger Vogel gewesen ist. Bastian wußte aber nicht, wie viel schräger Omas Freundin war. Als er dann bei Uschi den Drucker anschließen sollte, hatte er Gelegenheit, Omas Visitenkarte auf ein höheres Level anzuheben, um dem Glück Beine zu machen. Er hatte den Auftritt einer Hausfrau und Mutter im Werbefernsehen studiert und frisierte die vermeintliche Startseite von Oma unter dem Namen »Lola« im Internet wie folgt um:
»Gepflegte ältere Dame, Kopf eines gutgehenden Familienunternehmens mit Filialen, wünscht Ablenkung im Timeplaner durch Bekanntschaft mit einem seriösen, finanziell und familiär unabhängigen, unternehmungslustigen Herrn. Europäisches Ausland kein Hindernis. Carpe diem!«

Zwei Tage später landete unter »Lola« ein Eintrag aus Brüssel:
»Hallo, Lola! Bin der Rolf – wie der Wolf, nur mit großem Rrrrrrr! Melde mich aus Brüssel aus dem Sitzungsmarathon der EU-Wirtschaftskommission. Komme Freitag nach Berlin, wo ich eine Zweitwohnung habe. Ankunft

Tegel 21 Uhr 15. Wäre entzückt, wenn da eine Dame mit dem Börsenblatt unter dem Arm stünde, um den Rest des Weekends mit mir zu verbringen. Alles andere dann.«

Diese Nachricht landete aber folgerichtig nicht bei Gisela, sondern bei Uschi, wo sie einige Verwunderung auslöste. Doch während Gisela derlei in den Papierkorb werfen würde, dachte Uschi: Klingt nicht schlecht. Riecht nach Geld. Aber wie kommt der darauf, daß ich das Börsenblatt unter dem Arm haben könnte? Wo kriege ich das denn so schnell her? Ach, das gibt es sicher am Flugplatz. Na, mal sehen.

Das einzige, was Oma Gisela von diesem Vorgang mitkriegte, war das überraschende Erscheinen von Enkel Bastian, der eine Kuchenform zurückbrachte und dabei – wie zufällig – das Börsenblatt auf ihrem Küchentisch liegenließ. Da der Knabe alle möglichen Zeitschriften mit sich rumschleppte und auf ihre Annonce kein EU-Beamter reagiert hatte, nur ein Handwerksmeister aus Parchim, der nach einem Schlaganfall auf Reha-Kur war, weckte Bastians Businessblatt keinerlei Verdacht bei ihr.

Uschi hingegen fieberte dem Freitag abend entgegen, zog dann die Schuhe mit den höchsten Absätzen an, warf ihren lila Seidenschal lässig über den Kragen ihres türkisfarbenen Blazers, fuhr zum Flugplatz, kaufte das Börsenblatt am Kiosk, wartete auf die Ankunft der Maschine aus Brüssel und stolzierte dann vor dem Ausgang auf und ab, bis ein Herr mit Hut und Trenchcoat und mit den wasserblauen Augen eines Hans Albers auf sie zukam und sagte: »Ich wußte nicht, daß diese Zeitschrift so charmante Abonnentinnen hat! Ich bin der Rolf aus Brüssel, und Sie müssen die Lola sein.«
Uschi stutzte: »Lola stimmt, Abonnentin ist ein Irrtum.«
»Nun ja, ich lese dieses Journal auch nur gelegentlich. Und da ich – wie Sie – noch ein kleines Familienunternehmen beaufsichtigte, brauche ich die Börsentips und Management-Ratschläge überhaupt nicht.«
»Ich brauche das eigentlich auch nicht.«
»Ja klar: Das Wichtigste für einen Geschäftsmenschen ist die Nase!«
»Ich brauche meine Nase mehr für die Küche.«

»Eine elegante Ermahnung!« sagte der Rolf aus Brüssel. »Wir gehen natürlich erst mal eine Kleinigkeit essen.«
Er winkte ein Taxi heran, öffnete Uschi die Tür, setzte sich daneben, rief dem Fahrer »Hotel Esplanade!« zu und sagte dann zu Uschi: »Carpe diem – Nutze den Tag, wie Sie ganz richtig geschrieben haben. Ach, wieviel Sterne soll der Koch denn haben?«
»Mir genügt einer.«
»Mir auch, weil ich ja mit Ihnen den zweiten Stern am Tisch habe.«
»Sie wissen aber, daß Sie sich leicht verirren können, wenn Sie dem falschen Stern folgen?«
»Gewiß, aber ich sehe keinen Grund für diese Warnung. Oder ist Ihr Timeplaner gegen eine Ausweitung unserer Begegnung?«
»Ich glaube, ich muß nun langsam einen Irrtum aufklären, ehe Sie sich in Unkosten stürzen: Ich habe kein Unternehmen, deshalb auch keinen Timeplaner und daher auch keinen Wandspruch wie ›Carpe diem!‹ und keine Lektüre wie dieses Blatt hier. Was Sie da im Internet gefunden haben, muß eine andere Absenderin gewesen sein.«
»Wirklich? Aber Sie laufen doch beim Partner-Scout unter ›Lola‹? Da dachte ich natürlich gleich an Marlene Dietrich als fesche Lola im ›Blauen Engel‹. Und Sie waren die einzige Dame am Flugplatz, der ich diese Rolle zutrauen konnte!«
»Das ist nett von Ihnen, aber es ist eben ein netter Irrtum. Mir kam die Sache gleich ziemlich spanisch vor.«
»Na, dann machen wir doch wenigstens einen ›Spanischen Abend‹ daraus. Ich verspreche, daß ich kein Wort über Geschäfte und Steuern verlieren werde.«
»Na schön. Und ich verspreche, daß ich weder meinen Kopf noch mein Herz verlieren werde.«
»Psssst! Sie unterschätzen den spanischen Wein!«

Hugo übt als Ladykiller

Der einsilbige Brummbär Hugo hatte den Rat seines Trinkbruders Arthur befolgt und besuchte eine Flirtschule, um endlich Punkte bei Gisela sammeln zu können. Arthur hätte das aber kaum empfohlen, wenn er Hugo oder Gisela oder das Standardprogramm der Flirtschule besser gekannt hätte.
Doch nun stand Hugo der Hartnäckige vor Eddi, den er später »den Schleimer« nannte. Der war ein abgebrochener Psychologiestudent, ein kurzzeitiger Volontär beim Stadtradio, eine zeitweilige Hilfskraft für Öffentlichkeitsarbeit bei einem Autoverleih und nun als freiberuflicher Trainer für Kommunikation und Rhetorik zum Leiter dieser Ich-AG aufgestiegen. Dazu hatte er sein Arbeitszimmer im dritten Stock eines Mietshauses aus der Kaiserzeit selbsthändig renoviert, zwei Ledersessel eines insolventen Reisebüros für 50 Euro erworben, eine Staffelei mit Papptafel, Papierbogen und dicken Buntstiften gekauft und drei abgelaufene Kalenderblätter als Poster in Glasrahmen gesteckt, um den kahlen Wänden einen Hauch von Karibik zu geben. Und hier fragte er nun Hugo:

»Wo steckt das Problem?«
Hugo zögerte: »In mir.«
»Dann lassen Sie doch mal gucken!«
»Was denn?«
»Na, Ihr Problem!«
»Ach so! Na ja. Eigentlich ist das ja nicht meine Idee.«
»Welche?«
»Na, hierher zu kommen.«
»Sondern?«
»Na, der Arthur meinte wegen Gisela und so ...«
»Wer ist Gisela?«
»Na, die Dame, welche ...«
»Verstehe. Wie lange kennen Sie sich schon?«
»Sie mich? Zwei Tänze. Ich sie – durch monatelange Beobachtung.«
»Aha. Und wie sprechen Sie eine Frau an, die Sie interessiert?«

»Na, wie man das so macht. Ich sage: ›Na, du?‹«
»Also, ich merke schon: Bei Ihnen muß man ganz von vorne anfangen. Ich biete Ihnen einen 10-Stunden-Kurs für 250 Euro an. Sind Sie einverstanden?«
»Zehn Stunden?«
»Vielleicht machen wir auch fünf Doppelstunden daraus.«
»Kostet das dann die Hälfte?«
»Nein, nein, der Stoff und die Fertigkeiten, die ich ihnen vermitteln muß, werden ja nicht weniger durch das zeitlich komprimierte Programm. Aber am Ende werden Sie Damen aller Preisklassen sicher und gewinnend ansprechen können und ein begehrter Salonlöwe auf allen Partys sein.«
»Tatsache?« fragte Hugo der Hartnäckige zweifelnd.
»Tatsache!« bekräftigte Eddi der Schleimer siegesbewußt. »Und wenn Sie schon mal da sind, können wir auch gleich mit der ersten Lektion anfangen. Möchten Sie was trinken? Wasser, Kaffee oder Whisky?«
Hugo sagte: »Whisky.«

Eddi holte Gläser, schenkte ein, ging an die Tafel und malte zwei Kreise:
»Der blaue Kreis sind Sie – der rote Kreis ist Ihre Angebetete.
Was zwischen ihnen stattfindet – ob Flirt oder Streit – ist Kommunikation.
Sie sind der Sender – die Dame ist der Empfänger.
Sie senden verschiedene Signale aus – Blicke, Gesten, Worte, Zettel ...
Wovon hängt ab, ob diese Signale ankommen?«
»Also, beim Fernsehen oft vom Wetter.«
»Wir sind aber nicht beim Fernsehen, sondern auf Tuchfühlung mit ihrer Gisela. Wie bei Ihren zwei Tänzen mit der Dame.«
»Die hat vielleicht nicht ihre Antenne ausgefahren?«
»Frauen haben beim Tanzen ihre Antennen immer ausgefahren!«
»Die Gisela hat mich aber abblitzen lassen.«
»Weil Sie nicht auf gleicher Wellenlänge gesendet haben! Das ist der Kern!
Und wie finden wir die gleiche Wellenlänge? Durch Charakter-Analyse.
Sie müssen Ihr gegenüber sofort durchchecken: Wer oder was ist Gisela?
Kuh oder Ziege? Kumpel oder Vorzeigedame? Luder oder Lady?
Das sind schon mal sechs verschiedene Typen. Die haben alle ihre unterschiedliche Gedankenwelt, unterschiedliche Interessen, unterschiedliche

Umgangsformen. Deshalb müssen sie auch unterschiedlich angesprochen werden. Klar?«
Hugo nickte: »Klar.«
»Das ist eben nicht klar!« ereiferte sich Eddi, »Sonst hätten Sie nicht als einzige Anmache Ihr ›Na, du?‹ auf der Zunge! Wer das Herz erreichen will, muß das Ohr gewinnen! Es ist mit tausend Drähten im Gehirn vernetzt. Da wohnen Millionen Gedanken und Gefühle. Dafür braucht man paßgerechte Schlüssel. Sie haben nur ihren Dietrich ›Na, du?‹ in der Tasche. Das funktioniert nicht.«
Hugo fragte: »Wie denn?«

Eddi kreiste um Hugos Stuhl und dozierte: »Die Kuh gewinnt man durch Futter. Die Ziege will Sprünge machen. Den Kumpel fragt man: ›Wo drückt´s denn?‹ Die Vorzeigdame will hören: ›Sie sind die schönste Blume in diesem Garten!‹ Beim Luder sagt man: ›Ich bin vom ADAC – soll ich dich abschleppen?‹ Die Lady springt erst an, wenn du den Autoschlüssel mit dem schwarzen Hengst von Ferrari auf den Tisch wirfst und sagst: ›Der Champus war einer zu viel, ich muß heute nacht hierbleiben!‹«
Hugo guckte bedeppert: »Ich fahr aber einen Opel Corsa.«
Eddi winkte ab. »Dann mußt du den Autoschlüssel in der Tasche lassen.«
»Aber die Gisela hat auch nur den kleinsten Nissan.«

Eddi holte tief Luft und sagte: »Weiter! Was soll denn aus Gisela werden? Die Liebe für´s Leben? Die Freundin zum Ausgehen? Der One-Night-Stand?«
»Der was?«
»Na, Bumsen und Tschüß?«
»Das geht doch nicht!« protestierte Hugo.
»Das geht alles«, meinte Eddi. »Ich hab neulich ´ne Tussi aus dem Nachbarhaus beim Einkauf gefragt: ›Was halten sie von Sex am Morgen?‹ Da sagte die: ›Viel!‹ Und schon waren wir bei ihr in der Kiste! Du mußt bloß sagen: Brauchst du die Gisela für die Küche, für´s Bett, für´s Theater oder für ´ne Urlaubsreise?«
»Na, für alles das zusammen.«
»Aha. Es geht also um eine feste Beziehungskiste. Das hatte ich hier noch nicht. Da muß ich erst noch einiges nachlesen.«

»Na schön. Aber gucken Sie mal gleich unter ›schwierige Fälle‹. Das ist eine gut erzogene, selbstbewußte Frau aus dem Osten. Die war in der Gewerkschaft und im Frauenbund. Mit ›Hallo, Baby!‹ ist da nichts zu holen!«
Eddi winkte ab: »Kenne ich. Bin doch auch gelernter Ossi. Aber unsere FDJ-Sekretärin an der Uni habe ich mal im Frauenruheraum vernascht. Die war eine Rakete!«

Nun ging Eddi wieder an die Tafel, malte einen Kopf, der mehr einem Neandertaler als einem Menschen der Neuzeit ähnelte, und ließ einige Blitze um das Hirn kreisen. Dabei erklärte er eindringlich:
»Du mußt dir eins merken: Du bist der Mann. Der Mann ist der Jäger! Der jagt seine Beute. Der hat seit der Steinzeit ein ganz bestimmtes Beuteschema. Wenn da ein Lebewesen auf die Lichtung tritt, das diesem Beutebild entspricht, dann wird das zum unbedingten Reflex, daß er sich auf die Beute wirft und ihr den Hals durchbeißt.«
Hugo guckte erschrocken: »Den Hals durchbeißen ...?«
»Das mußt du doch nicht wörtlich nehmen. Aber einen Knutschfleck am Hals wirst du deinen Damen doch schon Mal verpaßt haben, oder nicht?«
Hugo beeilte sich zu bestätigen: »Ja, ja.«
»Na also. Da hast du doch auch nicht überlegt – soll ich oder soll ich nicht? Wo paßt das Ding am besten hin? Wie kriegt sie das dann wieder weg? So ...«
Hugo nickte: »Nö, nö.«
»Na bitte: Das war der unbedingte Reflex, den wir von den Schimpansen geerbt haben. Verstehst du? Es sind die Gene, die unser Verhalten steuern, und nicht die zehn Gebote! Und gegen die Gene kommst du nicht an. Durch diese Brille taxierst du alle Weiber: Volle Brüste? – Gute Nahrung für den Nachwuchs! Breite Hüften? – Schöne Wiege für die Aufzucht! Starke Schenkel? – Gut für die Flucht vor Feinden! Weiße Strähnen in der Mähne? – Gut im Rudel zu finden! Das hast du alles in drei Sekunden durchgecheckt. Und schon setzt du zum Sprung an!«

Hugo schien erleichtert: »Also muß ich gar nicht reden mit ihr?«
Eddi schien verzweifelt: »Wenn sie keine Schimpansin ist, wäre es schon besser, was zu sagen. Aber doch nicht einfach ›Na, du?‹.«

Angebot und Nachfrage

Es ging nicht ums Taschengeld, als der Enkelsohn Bastian zu ungewohnter Stunde an Omas Tür klingelte:
»Nanu, is wat passiert Basti, oder haste jetzt ´ne Freundin in der Jejend?«
»Es ist nichts passiert, Oma. Und meine Freundin bist du. Weißt du doch!«
»Oller Anjeber! Komm rin. Soll ick dir ´n Kakao machen?«
Bastian nickte und setzte sich an den Couchtisch, wo Omas Zeitungen und Briefe verstreut lagen. Dort suchte er mit langem Hals nach einem Schrieb, wo vielleicht als Echo auf seine Annonce »Liebe Lola ...« draufstand. Das stand aber nirgends. Konnte auch nicht, weil Oma ja hier keine Mailbox hatte. Er rief deshalb zur Küche rüber:
»Du brauchst eine Mailbox, Oma!«
»Hab ick doch, Junge!«
»Wo denn?«
»Na, hier!«
Erstaunt ging Bastian zur Küche. Da zeigte Oma auf ihren Steinguttopf, wo drauf stand: Mehl.
Basti stand krumm vor Lachen und sagte: »Mail – mit a-i, Oma. Das ist so was wie ein Postbriefkasten im Computer.«
»Na, den hat doch die Uschi. Die sagt mir schon, wenn wat ankommt.«
»Ich kann dir mit ein paar alten Teilen eine Parallelschaltung einrichten, wo du selber auch gleich weißt, ob einer angebissen hat.«
»Ach Junge, bei mir beißt so schnell keener an.«
»Warum den nicht?«
»Weil ick een Auslaufmodell bin.«
»Bist du nicht!«
»Is ja nett, daß du det so siehst. Aber man muß die Wahrheit immer ins Ooge kieken! Männer sind immer so alt, wie se sich fühlen – aber die Frauen sind so alt, wie se aussehen.«
»Im Fernsehen gibts ein Styling-Team, die kommen nach Hause und verpassen dir ein ganz neues Outfit mit Klamotten, Haartönung und Eyeliner. Da siehst du hinterher wie Claudia Schiffer aus!«

»Klar. Und wenn's schief jeht – wie Alice Schwarzer!«
»Soll ich die Experten mal herbestellen?«
»Wehe! Du machst dich wohl zum Brautwerber für deine Oma?«
»Wieso? Hat sich einer gemeldet?«
»Bei mir meldet sich dieser und jener.«
»Das sind doch alles Gruftis!«
»Bin ick doch ooch, Junge. Ick bin mit Magermilch und Mehlsuppe jroß jeworden, hab jedrängelt, det ick vonne Schule komm und Jeld verdiene, hab den falschen Kerl erwischt und zwee Kinder jroßjezogen, hab mir um allen Krempel alleene jekümmert, hab sojar die Wende überlebt und warte nu, ob die Rente mal um zwee Mark ansteigt. Und du gloobst, da stehen die Kerle Schlange?«

Bastian wurde nachdenklich, aber dann fiel ihm das Einmaleins seiner gewendeten Lehrer ein: »Weiß du, Oma, es geht immer um Angebot und Nachfrage. Weil die Frauen unter den Singles ein Überangebot stellen, mußt du dich ein bißchen auf die Zehenspitzen stellen, um aufzufallen. Und wenn die Falschen nachfragen, hast du falsch geworben!«
»Na, du bist mir ja een janz Schlauer! Wenn ick det schon höre: Anjebot und Nachfrage. Millionen Arbeitslose sind uff Jobsuche, und warum? Weil die Unternehmer nüscht für die Leute unternehmen. Die pfeifen uff det Anjebot. Die interessiert nur ihr Tresor.«
»Dann muß man eben beweisen, daß es gut für den Tresor wäre, mehr alte, erfahrene Leute einzustellen! Und du mußt mehr prahlen mit dem, was du hast.«
»Wat hab ick denn?«
»Du bis die Chefin eines gut funktionierenden Familienunternehmens. Du machst die besten Königsberger Klopse. Du hast aber noch Platz in deinem Timeplaner. Mutti sagt, daß du immer das Lied von der feschen Lola, oder so, gesungen hast. Und jetzt steht das sogar im Internet!«
»Moment mal! Im Internet steht, det ick die Lola singe? Die Lola is doch Uschis Deckname!«
»Wirklich?«
»Na klar!«

»Mist! Ich muß gleich nach Hause und Online gehen.«
»Haste wat verzappt?«
»Nee, verwechselt.«
»Na, nu mal raus mit die Sprache, sonst kriegste keenen Kakao mehr bei mir!«

Als Bastian eine ganze Weile später nach Hause abzog, rief Gisela gleich bei Uschi an.
»Na, Mädel, wie jeht´s denn so?«
»Danke, gut. Und selber?«
»Et jeht – bis uff den Blutdruck. Wat flüstert denn det Internet?«
»Ich hab noch nicht geguckt.«
»Haste keen Interesse mehr?«
»Doch, doch. Aber ich verkehre jetzt auf ministerieller Ebene mit Brüssel.«
»Wat de nich sagst. Die Lola hat also jezündet?«
»Na ja, das fing mehr als Blindgänger an. Ich sollte mit dem Börsenblatt zum Flugplatz kommen.«
»Mach keen Quatsch! War det een Bankier oder een Rauschjifthändler?«
»Nicht doch. Der Mann ist als Wirtschaftsexperte in Brüssel bei der EU. Der braucht mein Geld nicht.«
»Soll ick dir mal sagen, wer dir den inne Arme jetrieben hat? ... Bastian, die Flitzpiepe! Der wollte mir wat Jutet tun. Und weil er dachte, ick bin Lola hat er deine Annonce so uffjemotzt, daß nu bloß noch Großaktionäre druff anspringen! Aber det hat ja offenbar jeklappt. Denn amüsier dir mal schön.«
Damit legte Gisela den Hörer wieder auf.

Es dauerte aber keine drei Minuten, dann hatte Uschi die Neufassung ihres Kurzporträts von Bastian im Internet entdeckt. Und schon rief sie zurück:
»Also, Phantasie hat er ja, dein Bastian. Jetzt weiß ich endlich, warum der Mann aus Brüssel andauernd über seine Geschäfte und meinen Timeplaner sprach. Na, sagen wir mal anfangs. Ich habe ihn dann schon auf andere Gedanken gebracht.«
»Soso, und jetzt denkt er nur noch an dir?«
»Auch nicht. Der ist ja nur einmal im Quartal in Berlin. Freitags Anreise und montags zurück.«

»Na schön, det sind doch drei tolle Tage. Und dazwischen mußte ja nach Dresden inne Oper. Ick globe, du brauchst doch bald ´n Timeplaner.«
»Sei, bitte, nicht so giftig! Wir wollten doch Spaß haben?«
»Jewiß doch, Uschi. Aber ehrlich jesagt, finde ick det jar nich so spaßig. Jeder Kandidat hat doch seine eijene Geschichte im Rucksack. Die sind alle so ähnlich wie unsere. Und immer fängste bei Null an, um dahinter zu kommen, wat die Leute wirklich suchen. Dabei haben die jar keene Rosinen im Kopp. Die wollen bloß Mensch sein, um mang die janze Herzlosigkeit ringsum, zu überleben. Die suchen een bißken Nestwärme, een bißken Berechenbarkeit für die Zukunft, een bißken Lebenslust für ´n Alltag.
Und det findeste nich, wenn de entwurzelt bist. Und die Wurzeln ham se uns wegjeschnitten oder verkümmern lassen. Jeder stirbt für sich alleene. Det is der Zug der Zeit. Da lob ick mir unsere Klubnachmittage vonne Volkssolidarität!«

»Du hast ja recht, Gisela. Aber hör jetzt bitte auf, in dieses Horn zu blasen, sonst muß ich gleich eine neue Flasche aufmachen! Wer mit uns Kontakt aufnimmt, erhofft sich dasselbe wie wir und riskiert dieselben Enttäuschungen.
Wir sind also quitt.
Für dich gibt es übrigens drei-vier neue Eintragungen im Internet. Einer ist wohl ein Gärtner. Der schreibt, daß nichts so bescheiden lebt und so fleißig blüht wie die Primel. Er würde mit dir gerne mal durch den Botanischen Garten gehen.«
»Na prima! Äußeret Erkennungszeichen: Jießkanne! Jute Nacht, Uschi!«
»Gute Nacht, Gisela! Und träum schön vom Gärtner.«

Hugo baggert weiter

Jede Frau mit Lebenserfahrung hat – egal, ob aus der Nähe oder aus der Ferne – mindestens zweierlei Typen von Männern kennengelernt. Die einen sind Maulhelden, haben hundert Einfälle, aber keine Energie, auch nur einen einzigen zu verwirklichen. Die anderen handeln nach der Devise: »Ein Mann – ein Wort« und lassen nicht locker, bis ihr Plan gelungen ist. So kam Hugo zu seinem Beinamen »der Hartnäckige«. Und weil er seit seiner Lehrzeit als »maulfaul« kritisiert wurde und offenbar auch für Gisela nicht die richtigen Worte fand, wollte er den Lehrgang der Flirtschule unbedingt durchziehen. Drum hatte er nun wieder ein sauberes Hemd und die Ausgehjacke angezogen, um die nächste Nachhilfestunde zu nehmen.
Statt Eddi öffnete diesmal aber eine junge Dame die Tür:
»Ich bin die Anette. Bitte, kommen Sie rein und nehmen Sie Platz. Der Eddi hat mich herbestellt, damit wir heute mal das Einmaleins der Körpersprache durchgehen. Sie sind doch der Hugo?«
Hugo sagte: »Richtig.«
»Und Sie sind etwas wortkarg?«
»Stimmt.«
»Nun, da kann ich Sie beruhigen, denn das macht gar nichts.«
»Ach?«
»Nein, weil unser Körper eine Unmenge Signale ausschickt, die eine wortlose Verständigung ermöglichen.«
»Tatsache?«
»Natürlich nur, wenn man sie zu deuten versteht!«
»Ach so.«
»Also, fangen wir mal an: Sie begegnen der Frau ihrer Träume – was läuft da ab?«
»Nichts.«
»Wie – nichts?«
»Die läßt mich stehn.«
»Unsinn! Ich meine den Anfang, die ersten Sekunden. Wie gehen Sie denn auf die Dame zu?«
»Na: Hallo, Gisela!«

»Stimmt doch nicht! Sie suchen zuerst den Blickkontakt, Sie taxieren ihren Gesichtsausdruck, Sie tauschen einen Händedruck, Sie beobachten die Körperhaltung. Da hat Ihnen die Frau doch schon zehn Sätze entgegengerufen!«
Hugo guckte ungläubig: »Zehn Sätze? Dann muß ich zum Ohrenarzt!«
»Müssen Sie nicht. Sie müssen nur aufpassen, was ich Ihnen erkläre: Ihre Gisela kann Sie, zum Beispiel, auf ganz verschiedene Weise anblicken. Achten Sie auf meine Augen:
Die Gelangweilte – der schon wieder!
Die Interessierte – ach, der ist auch hier?
Die Verschnupfte – na, der hat mir gerade noch gefehlt!
Der Tunnelblick – nur nicht hingucken, der ist Luft für mich!
Oder auch der Schlafzimmerblick – hallo, du Hecht, nun komm schon her!«
Jetzt setzte die Dame einen Blick auf, der wirklich schrie: ›Nimm mich hin!‹ Hugo war total verunsichert, ob er sie umarmen sollte oder nicht. Doch da hatte sich die Dame schon wieder aufgerichtet und gefragt:
»Verstehen Sie, was ich meine?«
»Schon, aber Gisela denkt immer: ›Der schon wieder!‹ Die ist verschnupft, chronisch!«
»Schnupfen ist nicht chronisch. Drei Tage kommt er, drei Tage bleibt er, drei Tage geht er. Dann starten Sie den nächsten Anlauf. Da kann es dann zum Händedruck kommen. Der erste Körperkontakt entscheidet viel. Wie geben Sie die Hand?«
Hugo sagte: »Na, so!« Dabei packte er die zarten Fingerchen der Dame, daß sie glauben mußte, in einen Schraubstock gekommen zu sein.
»Schon gut!« rief sie mit spitzer Stimme. »Also, nichts gegen einen männlichen Händedruck, aber, wenn das zur Hinrichtung wird, ist das auch keine Werbung!
Nun achten Sie mal darauf, wie die Dame reagieren kann:
Variante 1: Sie hält ihre Arme über der Brust verschränkt – was sagt uns das?«
»Sie friert.«
»Nein, sie verbarrikadiert sich, um einen Handschlag zu vermeiden.
Variante 2: Sie reicht ihnen lasch und lustlos den Arm entgegen. Was sagt uns das?«

»Zieh Leine!«
»Nein, sie nimmt Sie zur Kenntnis aber erwartet keine wohltuende Wärme! Variante 3: Sie greift mit beiden Händen zu und schüttelt Ihre Hand. Was sagt Ihnen das?«
»Das ist nicht die Gisela!«
»Nein, aber das soll sie doch werden! Also nehmen Sie ihre Hand sicher und zutraulich mit mäßigem Druck. Führen Sie diese Hand, wenn sie spüren, daß der Arm nachgibt, ruhig für einen angedeuteten Handkuß zum Mund, verbeugen Sie sich leicht dabei und bieten Sie dann der Dame einen Stuhl an.«

Jetzt sprang Hugo auf und tigerte drei Schritte durch den Raum. Er hatte das Gefühl, im falschen Film zu sein. Handkuß! Er! Bei Gisela!
Aber die Assistentin tat so, als wäre nichts passiert und dozierte weiter:
»Achten Sie bei alledem auch auf die Mundstellung der Dame.
Der Strichmund sagt: Bis hierher und nicht weiter!
Der Schmollmund fragt: Warum tust du mir das an?
Der Smiley, also, der lächelnde Mund sagt: Gefällt mir, weiter so!
Der offene Mund drückt Schmerz oder Staunen aus. Die herabhängenden Mundwinkel signalisieren Lustlosigkeit und Unbehagen.«
Hugo nickte: »Die Merkel!«
»Wie bitte?«
»Merkwürdig, auf was man alles achten soll.«
»Natürlich. Das sind alles Sätze ohne Worte. Nehmen Sie nur die Sitzhaltung:
Sie sitzt angelehnt und blickt in die Ferne. Das heißt: Laß mich in Ruhe!
Sie sitzt vorgebeugt und hängt an Ihren Lippen. Das heißt: Erzähle noch mehr!
Sie hat die Beine übereinander geschlagen, aber das obere Bein weist weg von Ihnen. Das heißt: Ich erwarte keine Annäherung. Wenn das Bein aber ihnen zuwandt ist, hat die Dame nichts dagegen, wenn Sie sich ihr weiterhin zuwenden.«
Hugo fragte: »Und wenn die Dame – wie ich – mit offenen Beinen dasitzt?«
»Dann ist es keine Dame!«
»Sondern?«
»Meinetwegen ein Kumpel, der offen für alles ist. Das ergibt sich aber noch deutlicher aus dem Kontext der Kleidung:

Geht der Rocksaum bis an die Knöchel, ist das eine Verhüllung und die Aufforderung: Mach dir die Mühe mich stückweise zu entdecken.
Wenn der plissierte Seidenrock die Knie freigibt, heißt das: Schau ruhig hin, dann ahnst du, was noch folgt!
Was trägt denn ihre Gisela?«
»Meistens Hosenanzug.«
»Aha. Dann haben Sie es also mit einer ziemlich resoluten, emanzipierten Frau zu tun.«
»Das ist es ja. Und deshalb, glaube ich, hilft mir das alles hier auch nicht weiter.
Wie ist das eigentlich, wenn ich aussteige – kriege ich dann das halbe Geld zurück?«
»Sie wollen aussteigen, wo wir gerade erst angefangen haben?«
»Ich würde mit der Gisela lieber mal essen gehen. Wissen Sie nicht eine gute Gaststätte?«

Ein Gärtner greift zur Primel

Während Uschi als fesche Lola zwischen drei Bewerbern einen Vergleichstest absolvierte und den Fitneßsenior, den Opernmusiker und den EU-Beamten an langer Leine zappeln ließ, hatte Gisela, die Primel, die Einzelfallprüfung als Methode vorgezogen. So hatte sie nun eine Einladung jenes Gärtners angenommen, der den Botanischen Garten als Treff vorgeschlagen hatte. Gisela dachte: Wenn der Mann die Mühe nicht lohnen sollte, dann doch die Blumen. Und das Terrassencafé da draußen hat einen guten Ruf.
Sie steckte eine blaßrote Primelblüte an ihr Revers und ging auf den Eingang zu. Da kam ihr ein untersetzter Herr mit Strohhut entgegen und rief entzückt: »Meine Primula farinosa! Guten Tag! Ich bin Hans Gärtner, von Beruf Gärtner, leicht zu merken. Und Sie sind die Blume aus dem Internet. Ich weiß nicht, ob Sie wissen, daß die farinosa, die sie angesteckt haben, im Volksmund auch Schlüsselblume heißt. Mir scheint das ein Wink des Himmels zu sein, oder anders gesagt: Ein Schlüssel zum Glück. Gehen wir hinein?«

Ehe Gisela etwas erwidern konnte, kaufte er zwei Eintrittskarten und bot Gisela seinen Arm an. Die fühlte sich ziemlich überrumpelt durch sein Temperament, aber sie kam vorerst nicht dazu, Einwände geltend zu machen, weil nun beiderseits des Weges irgendwelche Pflanzen und Stauden, Blüten und Sträucher ihn zu Erklärungen und Anekdoten veranlaßten.
»Schauen Sie nur, dieses meterlange Geflecht der Mistel. Meine Töchter nennen das einen ›Knutschbaum‹, wegen der englischen Sitte, sich unter Misteln zu küssen. Dies hier ist übrigens ein weiblicher Zweig. Wissen Sie, woran man das merkt?«
Gisela zuckte die Schultern: »Keine Ahnung.«
Er griff eine Beere, zerdrückte sie und erklärte: »Sehen Sie? Wenn der Mann zugreift, klebt er fest an ihr.«
»Ich dachte, die Männer lassen sich nicht gerne festleimen?«
»Warum nicht, wenn es die Richtige ist?«
»Und woran merkt man das?«
»Das ist ein Naturgesetz. Das funktioniert auch, wenn man es nicht merkt. Diese Misteln hier trifft man auf allen Baumarten. Aber eine Laubholzmistel

werden Sie nie auf einem Nadelbaum finden und umgekehrt. Die wissen, wo sie hingehören, ein Leben lang. Ich bin auch so eine Laubholzmistel.«

Nun sagte Gisela gar nichts mehr. Der Mann hatte Tiefgang. Das macht wohl sein Beruf. Er sieht Jahr um Jahr das Werden und Vergehen. Er erkennt am kleinen Blatt den großen Baum. Er sieht in der Knospe schon die Blüte. Er riecht, wenn es Winter wird. Er hat die Geduld, auf die Sonne zu warten. Bei ihm würde es auch eine Primel gut haben.

Nach einem langen Weg durch die Botanik saßen sie dann im Terrassencafé. Er zeigte Fotos von seinen drei Töchtern. Er hatte auch ein Werbeblatt seiner ansehnlichen Gärtnerei. Er kann da nicht mehr viel mithelfen. Seine Bandscheiben haben die Lasten früherer Jahre krumm genommen. Seine Lungen wurden kurzatmig durch die feuchte Wärme im Gewächshaus. Er hatte gerade seinen ersten Schlaganfall auskuriert. Die linke Hand zitterte noch ein wenig. Er sprach deshalb auch über sein Testament und wie die Töchter den Laden weiterführen könnten. Und wie gut es wäre, wenn er die verbleibenden Sommer und Winter nicht allein wäre.

Aber alles dies machte Gisela nicht sicherer, sondern unsicherer in ihrer Reaktion. Da war nun einer ins Netz gegangen, zu dem man – nach kurzer Bedenkzeit – ja sagen konnte. Aber schon stand ihr verstorbener Mann daneben. Auch sein Atem war immer kürzer geworden, bis der letzte Hauch verstummte, während sie seine Hand hielt. Das wollte sie nicht noch einmal erleben. Das kostete zu viel Kraft.

Sie fragte ihn unvermittelt: »Wie viele Sorten Primeln gibt es eigentlich?«
Er lächelte: »Der liebe Gott macht sich einen Spaß daraus, immer viel mehr Sorten aller Pflanzen auszustreuen, als die Botaniker nachzählen können. Ich kenne etwa zwei Dutzend: Rote, gelbe, weiße, blaue, violette, purpurne Primeln und welche in Rosé. Die gibt es dann langstielig, kurzstielig, als Wiesenblume, als Waldblume, als Gartenpflanze. Mit schmalem Kelch, mit rundem Kelch, mit Moschusduft und ohne Duft. Und die Schönsten habe ich ganz oben in den Alpen gefunden. Eine heißt übrigens ›Habmichlieb‹!«

Gisela fühlte: Hier gibt es kein Entrinnen. Egal, was sie fragte oder sagte – er ließ sie nach drei Sätzen in sein offenes Herz schauen. Doch sie umklammerte um so ängstlicher das ihrige. Wie sollte sie hier herauskommen?

In dem Moment kam jemand herein in das Café, an den sie nun gar nicht gedacht hatte – Hugo der Hartnäckige! Es hat eben mitunter entsetzliche Folgen, daß Rentner so viel Zeit haben.

Fast deckungsgleich

Gisela mußte unbedingt mit Uschi über den Besuch im Botanischen Garten reden. Sie rief ihre Freundin an. Die war aber stundenlang nicht zu erreichen. Als es dann endlich klappte, hatte Gisela schon keine Lust mehr, alles aufzuwärmen, was geschehen war.

»Wo warste denn die janze Zeit?«
»Na, wo schon? Einkaufen, das Auto in die Werkstatt fahren, Überweisungen zur Bank bringen. Ich sitz doch nicht den ganzen Tag neben dem Telefon und warte, ob du mich anrufst!«
»Is ja klar, Gnädigste. Ick dachte ja bloß, det dir interessiert, wat bei dem Järtner rausjekommen is.«
»Na, sag schon, was denn?«
»Nüscht.«
»Nicht mal ein netter Nachmittag?«
»Doch, doch. Sojar een sehr netter Nachmittag.«
»Na und? Sah er aus wie der Glöckner von Notre Dame?«
»Nee, nee, janz manierlich. Und so wat von offenherzig und lieb.«
»Na also. Ich hatte extra eure beiden Persönlichkeitstest in Vergleich gestellt. Und weißt du, was dabei rausgekommen ist? 87 Prozent Übereinstimmung. Das ist ja fast deckungsgleich!«
»Ick will mir aber nich decken lassen. Ick will'n schönen ruhigen Lebensabend. Und so schön der ooch plaudern kann – der kriegt ja kaum noch Luft.«
»So sah der aber gar nicht aus auf dem Bild im Netz.«

»Klar, weil se da bloß Paßbilder zeijen und keene Röntjenbilder! Wenn de denn mit so eenem tanzen jehst, denn mußte den Notarzt jleich mitnehmen.«
»Gisela, du übertreibst wieder!«
»Kann sein, aber ick kann det nich mehr nach dem Kummer mit meinen Walter.«
»Das kann ich verstehen. Und wie denkst du nun weiter?«
»Ick muß jar nich weiterdenken. Det passiert jetzt allet von alleene. Wir sitzen da uffe Terrasse im Botanischen Jarten, und wer kommt anjesejelt? Hugo der Hartnäckige! Ick dachte mir tritt ´n Pferd. Der kommt sojar naßforsch an unsern Tisch und begrüßt mir – und nu halte dir fest: Mit Handkuß! Da is doch meinem Järtner fast det Jebiß rausjefallen. Mir übrigens ooch. Denn hat er sich ooch dem Herrn vorjestellt, hat uns beeden ´nen schönen Nachmittag jewünscht, hat sich drei Tische weiter hinjesetzt und ´ne riesige Eisschale wegjeputzt. Wie findsten det?«
»Das nenne ich tollkühn! Aber woher wußte der denn, daß du da ein Rendezvous hast?«
»Det frage ick mir ooch. Der weeß scheinbar immer, wo ick hinjehe. Als wenn der ´n Zelt vor meine Tür hätte.«
»Vielleicht hat er einen Informanten in deiner Umgebung?«
»Nachtigall, ick hör dir trapsen! Sag mal, kommt der Basti öfter zu dir?«
»Nicht öfter als ich ihn brauche. Der Computer spinnt eben manchmal.«
»Und wie oft brauchst du ihn?«
»Na, höchstens einmal die Woche, weil er noch einige Teile austauschen will.«
»Kann er da wat spitz kriegen von unsere Unternehmungen?«
»Ja, aber was hat Basti mit Hugo zu tun?«
»Det klär´ ick noch!«
»Übrigens kannst du deinem Hugo mal sagen, daß die permanente Belästigung einer Frau neuerdings strafbar ist.«
»Wie schön! Denn hast du mehr Strafanzeigen als Kontaktanzeigen loofen?«
»Wieso denn? Ich fühle mich doch geehrt durch meine Bewerber!«
»Na, wenn det so is, denn laß ick den Hugo ooch nich verhaften.«
»Warum machst du nicht mal eine Testwoche mit dem?«
»Bist du verrückt – eene Woche mit ´n Verrückten? Wo denn? Wie denn? Wozu denn?«

»Dann weißt du hinterher wenigstens Bescheid. Vielleicht kommt ihr auch auf 87 Prozent Übereinstimmung.«
»Mit dem komme ick höchstens uff een Drittel. Und um det festzustellen, brauche ich keene Woche. Aber erst greife ick mir den Basti!«

»Du gibst mir das Stichwort, Gisela. Ich habe da beim Surfen im Internet gerade eine interessante Einladung gefunden zum ›Quick-Dating‹.«
»Is det ´n neuet Waschmittel?«
»Das ist eine ganz originelle Methode zur Partnervermittlung. Die laden zehn Damen und zehn Herren mit passendem Alter und Interessenprofil zum Weinabend ein. Da gibt es nur Zweiertische. Die Damen empfangen reihum alle zehn Herren zu einem kurzen Gespräch von sechs Minuten. Nach einer Stunde sind sie durch. Und dann schreibt jeder auf einen Zettel, mit welchem Kandidaten er die nächste Stunde plaudern möchte. Das wäre doch mal ganz interessant?«
»Wann und wo soll det denn sein? Da muß man sich doch anmelden, oder? Komm doch mal rum und erklär mir det ´n bißken jenauer.«
»Geht nicht. Mein Auto ist doch in der Werkstatt!«
»Und wat is Sonnabend?«
»Da bin ich mit dem Fittneß-Senior verabredet.«
»Und nächsten Mittwoch?«
»Da bin ich noch mal in Dresden.«
»Verstehe, du hast schon deine Quickies! Bloß, wenn ick mir da anmelde, denn dauert det keene zehn Minuten und der Hugo sitzt an meinem Tisch!«
»Na, dann könnt ihr doch endlich mal Klartext reden!«

Ich bin der Gärtner

Sie wissen ja, was passiert ist: Das Wetter war gut. Die Gisela war gut. Der Botanische Garten war gut. Ich dachte wirklich: Jetzt hat es geklappt! Und dann kam dieser aufdringliche Kerl dazwischen ...
Gisela beteuerte zwar, daß sie nichts mit dem hat. Aber wenn der ihr die Hand küßt und sie wie ein Kampfhund bewacht, dann kennen die sich doch nicht nur von einer zufälligen Begegnung am Zeitungskiosk?
Ist ja auch egal. Das heißt, egal ist das nicht, sondern schade, wirklich schade. Man spürt das doch in den ersten drei Minuten, ob die Chemie stimmt. Ich weiß gar nicht, wie ich das meinen Töchtern erklären soll: Vater hat sich einen Korb geholt! Die Töchter haben mir das ja eingebrockt. Die haben alles gefiltert, was da im Internet angeboten wird. Und dann legten sie mir das Bild und den Text von der Gisela auf den Tisch und sagten: »Die paßt zu uns. Hol sie dir!« Als wenn das so wie im Versandhandel geht: Adresse rauf und ab!

Die Gisela hat natürlich auch gemerkt, daß es keine Rose ohne Dornen gibt. Ich wohne ein bißchen weit weg. Ich kann auch nicht einfach die Koffer packen. Die Gärtnerei braucht mich noch. Wenn ich auch nicht mehr heben kann, dann kann ich doch wenigstens beim Gießen helfen und bei der Abrechnung. Also, wenn wir mal unter ein Dach kommen wollten, müßte die Gisela schon zu mir ziehen. Und dann hätte sie es mit meinen drei Mädchen auch nicht gerade leicht. Das sind zwar keine Kampfhunde, aber kläffen und beißen können die auch.
Mir beißen sie ja auch manchmal in die Wade, wenn ich allzu laut die Vergangenheit lobe. Die Mädels wollen nicht zurück. Will ich ja auch nicht. Da hätten wir Gärtner zwar nicht die Holländer im Genick mit ihrem Preisdumping. Aber für ein Gewächshaus mit automatischer Heizung, Beregnung und Belüftung hätte es auch nicht gereicht. Einfach war's nicht.

Die Gisela hat offenbar immer noch an dem Systemwechsel zu knabbern. Ist ja auch schwer, zwischen all dem heutigen Unsinn einen Sinn zu entdecken. Aber manches kommt eben auch vom Generationswechsel. Unsere

Altersgruppe wäre doch so oder so, über kurz oder lang, in die Ecke gestellt worden. Und nun merken wir eben mit doppelter Wucht, daß nicht nur die körperliche Beweglichkeit nachläßt, sondern auch die geistige oder seelische. Man hat hundert Gewohnheiten und Maßstäbe, die inzwischen versteinert sind. Allein, was man sich auf die Stulle schmiert und was nicht. Welche Zeitung man liest. Was man auf der Glotze einstellt. Aber mit der Gisela wäre ich schon zurechtgekommen.

Na ja, so ist das: »Hätte« und »wäre« sind Krücken für Verlierer. Hätte der Nachtfrost nicht die Magnolie geküßt, lägen die Blüten nicht am Boden. Und ankleben geht nicht. Was blühen soll, muß wachsen. Vielleicht haben meine Töchter schon ein neues Sonderangebot für mich gefunden. Aber ob da ein Botanischer Garten in der Nähe ist?

Fitneß für Fortgeschrittene

Auf Uschis Handy hatte sich der Senior des Fitneßsalons per SMS in Erinnerung gebracht: »Teufel mit Besen sucht Hexe für Ritt zum ›Wildschütz‹. Oder mögen Sie keinen flambierten Rehrücken mehr?«
Uschi mußte gleich an die seltsame Tätowierung dieses Herrn denken: Die Kobra, die sich vom Knie bis um den Hals windet. Deshalb simste sie zurück: »Hätte noch Appetit, aber Angst vor mannsgroßen Schlangen!«
Darauf schrieb er: »Wie Sie sich erinnern werden, ist die Schlange handzahm, jedenfalls sobald sie von Ihren kundigen Händen gestreichelt wird.«
Worauf Uschi dann erwartungsgemäß kapitulierte: »Meinetwegen morgen um 19 Uhr.«

Was dann im »Wildschütz« ablief, blieb – wegen des Kerzenlichtes – im Halbdunkeln. Der Herr war wieder gut gekleidet. Das Menu war wieder lecker zubereitet. Der Wein ging wieder mit Schwung in den Kopf und in die Beine. Und bald war Werner Weller wieder bei seinem Lieblingsthema:
»Fällt Ihnen nicht auch öfter die Decke auf den Kopf, nachdem Sie aus dem Berufsleben ausgeschieden sind?«

»Und ob!« bestätigte Uschi.
»Ja, sehen Sie, da wäre es doch eine schöne Sache, wenn Sie als Geschäftsführerin oder kaufmännische Assistentin in mein Unternehmen einsteigen könnten.«
Uschi zögerte: »Waren Sie nicht ausgestiegen?«
»Ja, schon. Aber wenn man dem Sohn das Steuer in die Hand drückt, dann springt man doch anschließend nicht über Bord, sondern guckt ihm über die Schulter, bis man merkt, daß er den richtigen Kurs steuert. Und in der Zwischenzeit würde ich gerne eine Filiale einrichten. Mit Ihnen – um nicht zu sagen: Für Sie!«
»Aber ich kenne doch die Fitneßbranche nicht mal als Kundin?«
»Das wäre das Wenigste«, beschwichtigte Werner Weller. »Vorerst habe ich ein größeres Handicap zu bewältigen. Ich habe nämlich erst zwei Drittel für das Startkapital zusammengekratzt. Aber ehe die Banken einen Kredit rüberreichen, müßte ich noch zwanzig oder dreißigtausend draufpacken. Deshalb mache ich zum Beispiel immer noch die Hausbesuche bei Privatkunden – was Ihnen negativ aufgefallen ist, wenn ich mich recht erinnere.«
»So war das aber nicht gemeint. Ich kannte ja diesen Zusammenhang nicht.«
»Versteh schon. Sie dachten: Wer goldene Ketten trägt, muß auch ein goldenes Konto haben, nicht wahr? Ist ja auch richtig. Aber als Geschäftsmann muß ich manchmal mit der Wurst nach der Speckseite werfen. Hast du was, dann bist du was! Und wenn dann die Wurst nicht trifft oder zu klein ist, dann fällt mir der Schinken nicht in den Schoß! Aber ich will Sie mit meinen Sorgen nicht belästigen. Ich kam nur drauf, daß es die beste Lösung für uns beide sein könnte, wenn wir das Wagnis eingehen.«

Uschi kam ins Grübeln: »Wie kann man darauf eingehen, ohne einzugehen?«
Der Fitneßprofi hatte eine schnelle Antwort zur Hand: »Im Grunde ist das Risiko kleiner als drei Prozent. Denn, egal wie die Konjunktur verläuft, die Leute werden älter und klappriger. Die Mehrzahl der Alten wollen und können für einen gesunden Lebensabend mehr investieren. Noch zehn Jahre hin, dann ist die Hälfte der Bevölkerung über Fünfzig. Die bewerben sich dann nicht zuerst für Kaffeefahrten, sondern für Fitneßkurse, damit sie

überhaupt bis zum Bus kommen. Und wir sind die einzigen, die ihnen die verlorene Jugend verkaufen. Die Branche boomt. Der Rest ist Organisation und Werbung.«

Uschi wurde diese Dynamik unheimlich. »Glauben Sie nicht, daß sich die Leute bei der Caritas besser aufgehoben fühlen, zumal die Krankenkassen doch immer weniger bezahlen wollen?«

»Ja, sicher. Aber das Beitragsaufkommen wird mickriger, die Kassen werden knickriger. Bist du Gottes Sohn, dann hilf dir selber! Und je eher die Leute auch im Osten begreifen, daß man mit Geld alles kaufen kann – faltenfreie Gesichter, schmerzfreie Rücken, belastbare Beine, neue Organe, alles – um so eher werden sie in die Tasche greifen.«

Uschi bremste: »Sofern sie genug drin haben!«

»Aber ich bitte Sie: Die Ostrentner haben doch einen guten Ruf auf der Sparkasse!«

»Nun ja, zumindest die Frauen, die ja fast alle berufstätig waren.«

Uschis letzter Satz gab Werner Weller wieder Auftrieb. Er griff zum Weinglas: »Trinken wir auf die gehabte Vollbeschäftigung und auf die Prognose, daß eine so dynamische, ansprechende Persönlichkeit wie Sie den Laden weit voranbringen könnte! Übrigens wären Sie mit einer kleinen Investzulage als stille Teilhaberin auch am Gewinn beteiligt und praktisch unkündbar.«

Uschi trank mit und seufzte nur: »Ich fürchte, Sie überschätzen mich!«

»Also bei unserer letzten Begegnung hatte ich eher das Gefühl, Sie zu unterschätzen. Aber der Abend ist ja auch noch nicht zu Ende, nicht wahr?«

Bei diesem Satz starrte Uschi unwillkürlich auf den Kopf der Kobra, der angriffslustig aus seinem offenen Hemdkragen hervorschaute. Und bei der Erinnerung, welche gewundenen Wege der tätowierte Schlangenleib über seinen Körper zurücklegt, wurde ihr ganz mulmig.

Basti in der Klemme

Wie das so ist unter Freundinnen, sie tauschen sich gerne aus. Und die eigenen Erlebnisse machen doppelten Spaß, wenn man sie im Gespräch mit der Freundin noch einmal nacherleben kann. Uschi erzählte Gisela also umgehend von der zweiten Runde im Kampf mit der Kobra.
Gisela fragte nur: »Und wie jeht det nu weiter? Willst dem dein Sparbuch vermachen?«
»Was du gleich wieder denkst! Wenn ich mich da beteilige, dann bringt das auf jeden Fall mehr als die kümmerlichen Zinsen auf dem Sparbuch. Vor allem hätte ich einen interessanten Job.«
»Na klar, und wenn dem sein Projekt pleite macht, denn kannste allet in den Rauch schreiben.«
»Du meinst, ich sollte mich da lieber raushalten?«
»Ick fürchte, der sucht bloß ´ne melkende Kuh. Aber uff die Art lernste vielleicht wieder ´n paar interessante Rechtsanwälte kennen. Und wenn die denn ´ne Bürohilfe brauchen, haste wieder ´n Job und kannst deinem Fitneßboß wenigstens Kuchen in den Knast bringen.«
»Entweder bist du eifersüchtig oder eine notorische Schwarzseherin!«
»Ick gönne dir allet Glück der Welt. Aber du liest keene Zeitung.«

Damit war dieses Thema erst mal beendet. Aber Gisela behielt den Telefonhörer gleich in der Hand, um Bastian anzurufen. Sie mußte endlich ergründen, ob es zwischen ihrem Enkel und dem Hugo irgendeine Querverbindung gab. Basti war auch gleich am Apparat. Gisela fragte:
»Kannste mal rumkommen?«
»Kann ich. Aber erst in einer Stunde.«
»Haste wat vor?«
»Ich muß zu Hugo, zwei Verbindungskabel abholen.«
»Welcher Hugo?«
»Kennst du nicht. Der wohnt bei dir um die Ecke.«
»Na, denn isset noch wichtiger, daß de vorher zu mir kommst.«
»Na schön.«

Basti schwang sich aufs Rad und kam mit hochrotem Kopf bei Oma an.
»Du bist ja janz ausse Puste. Komm rin und trink mal wat.«
»Ich hab aber wenig Zeit!«
»Ick weeß. Wat haste denn mit dem Hugo für Jeschäfte abzuwickeln?«
»Ach, das erzähle ich dir andermal.«
»Nee, det erzählste jleich!«
»Mensch, Oma! Der hat mich mal mit ´n Laptop sitzen sehen und fragte, was das Ding gekostet hat. Dann meinte er, den kriegt er für die Hälfte. Na ja, und nun beschafft er mir alle Teile, die ich brauche. Hardware und Software für den Computer.«
»Und wie kommt der Hugo dazu, dir det billiger zu jeben?«
»Weiß ich nicht.«
»Na, mußte doch wissen! Klaut der, oder wat?«
»Der klaut nicht. Soll er dir was beschaffen?«
»Ick brauch nüscht. Und wenn doch, kann ick ja ooch zu deinen Hugo jehn?«
»Na klar. Der hat Beziehungen. Dem sein Kumpel war mal technischer Direktor bei so ´ner Baufirma. Und als der Laden dicht machte, da hat der sich als Computerdoktor selbständig gemacht. Nun kriegt der Hugo bei ihm alles was man braucht, und mit Händlerrabatt. Ist doch prima?«
»Und wat jibst du dem Hugo dafür?«
»Na, was es kostet.«
»Zahlste vielleicht ooch mit Termine?«
»Wie mit Termine?«
»Na, wenn du da bei der Uschi an unseren Computer rumfummelst, denn kriegste doch ooch mit, wat da an E-Mails und Termine für uns einjehen?«
»Kann sein.«
»Hat denn der Hugo noch nie jefragt, wat ick so mache?«
»Nicht so direkt.«
»Na, wie denn?«
»Eigentlich gar nicht.«
»Wat heeßt eijentlich?«
»Na, neulich meinte er, wenn du immer so lieb zu mir bist, dann könnte ich doch übers Internet mal Konzertkarten für dich bestellen.«

»Aha. Und denn?«
»Das war vorigen Sonntag. Ich sagte: Das klappt nicht. Da bist du nicht zu Hause, sondern im Botanischen Garten.«
»Ach, nee! Woher wußteste denn det?«
»Na, das hatte Uschi doch ausgedruckt neben dem Computer liegen.«

Gisela griff sich an den Kopf. Innerlich mußte sie lächeln, aber äußerlich wurde sie streng: »Hör mal, du kleener Ganove, haste schon mal wat von Datenschutz jehört?«
»Na klar!«
»Und denn jibste meine privaten Verabredungen an fremde Leute weiter? Mensch, Junge, dafür kannste in den Knast kommen. Oder du mußt vorher beim Verfassungsschutz anfangen.«
»Aber Hugo ist doch kein Fremder, jedenfalls kein gefährlicher.«
»Hast du ´ne Ahnung, wie jefährlich der is!«
»Wieso?«
»Na so.«
»Wirst du das Papa erzählen? Darf ich da nicht mehr hingehen?«
»Hinjehen kannste, koofen kannste, aber petzen darfste nich! Det mußte mir versprechen.«
»Ja, gut. Kann ich jetzt los?«
»Noch eene Sekunde! Wat macht denn der Hugo sonst so?«
»Der war gerade auf einem Lehrgang.«
»Wat für´n Lehrgang: Computertricks oder so?«
»Nö, da lernen sie anbaggern.«
»Is ja ´n Ding! Denn isser wohl ´n bißchen verklemmt, dein Freund?«
»Gar nicht. Der hat megageile Kennung von allem, was man wissen muß. Meine Kumpel gehen alle zu dem, wenn sie was brauchen.«
»Na, denn jeh du mal ooch. Aber Klappe halten, klar?«
»Okay, Oma!«
Damit war Bastian schon aus der Tür. Und Gisela murmelte vor sich hin:
»Okay? – Früher hatten se wenigstens det Pionier-Ehrenwort für so wat!«

Viel hilft nicht viel

Als Uschi und Gisela wieder mal am Computer saßen, einen Kaffee tranken und die Eingänge in ihrer Internet-Rubrik taxierten, da brauchten sie bald einen Likör dazu, und auch einen zweiten und dritten. Doch dann hatten sie jene heitere Gelassenheit, die für das Casting von etwa fünfzehn Kandidaten nötig ist:

Gisela: »Der da sieht jut aus. Det is aber deiner.«
Uschi: »Kannst du haben.«
Gisela: »Warum det denn?«
Uschi: »Der schreibt, daß er noch verheiratet ist, aber getrennt lebt.«
Gisela: »Ach, so. Denn braucht er ´ne Haushälterin.«
Uschi: »Richtig. Und sobald er die Scheidungskosten am Hals hat, geht er unter!«
Gisela: »Bloß jut, det wa noch´n Likör haben. Prost!«
Uschi: »Wie wär´s denn mit dem da?«
Gisela: »Wat schreibt er?«
Uschi: »Rolf, 72/178, belesener Reisebegleiter, gepflegt, gesund, Nichtraucher, Nichttrinker, Nichttänzer, nicht begütert ...«
Gisela: »Hör uff! Der kommt aus´m Kloster!«
Uschi: »Den hier würde ich mal zur Brust nehmen: ›Humorvoller vorzeigbarer Mann, Diplom-Ingenieur. Ich lache und liebe, koche und kuschel mit Dir ...‹«
Gisela: »Na, hör mal: Wenn so´n starker Hahn hier seinen Balztanz macht, denn will er keene finden, bloß immer suchen und besteijen.«
Uschi: »Kann sein. Der kommt übrigens aus Stuttgart. Das ist also ein Wessi!«
Gisela: »Det weeß man nich. Wir hatten hier ooch jenug Gockel rumloofen. Kiek mal uff die Begrüßung: ›Guten Morgen, du Schöne!‹ Det sagt dir doch wat?«
Uschi: »Was soll mir das sagen?«
Gisela: »Na, det is doch ´n Buchtitel, der inne DDR Bückware war! Der muß ´n Ossi sein.”

Uschi: »Was du immer mit deinen Ossis hast!«
Gisela: »Ick weeß ja ooch nich. Ick hab bloß festjestellt, daß de mit die schneller uff eine Wellenlänge bist.«
Uschi: »Ja, klar, der ›Stallgeruch‹, oder die Jugenweihe-Sprüche: ›Edel sei der Mensch, hilfreich und gut!‹ Aber damit fährst du heute an den Baum!«
Gisela: »Kann sein. Aber det liegt nich an die Leute, sondern an die Verhältnisse! Und wenn de denn uffe Straße liegst, isset ooch besser, wenn dir eener findet, der Maxie Wander jelesen hat. Denn isser nämlich een Frauenversteher ...«
Uschi: »Dann nimm du doch diesen Edelmann!«
Gisela: »Jeht nich. Kiek mal, bei Hobbys schreibt er: ›Meine Heimat ist das Meer‹.«
Uschi: »Na und?«
Gisela: »Ick bin doch Nichtschwimmer. Und wenn ick uff´n Schiff muß, denn fällt mir det Essen aus ´m Jesicht.«
Uschi: »Könnte es sein, daß der Mann, den wir suchen, noch gar nicht geboren ist?«
Gisela: »Könnte sein. Schalt aus die Kiste! Mach uns lieber noch ´n Kaffee.«

Die Frauen gehen in die Küche. Dort fragt Gisela: »Wat is denn nu – fährste am Wochenende wieder nach Dresden zu deine Geige?«

Uschi: »Ich weiß noch nicht.«
Gisela: »Du warst doch so bejeistert von seine Fingerfertigkeit, mit der er alle Saiten in dir zum Klingen jebracht hat.«
Uschi: »Stimmt ja auch. Bloß, was er dann singt, ist das alte Lied: »Meine Frau versteht mich nicht. Die Vorstellungen gehen bis in die Nacht. Tagsüber wird geschlafen und geprobt. Jeden Abend ist ein sauberes Frackhemd nötig. Das klappt nicht, wenn die Frau berufstätig ist ...«
Gisela: »Nu haste Angst, daß de bei dem ausse Küche nich rauskommst. Und wenn er dir befingert, denn haste det Bügeleisen inne Hand.«

Uschi: »Mal so gesagt: Mein erster Mann ist in der Küche manchmal zur Höchstform aufgelaufen. Der arbeitete aber in der Normalschicht.«
Gisela: »Siehste, det sind allet so Sachen, die kannste im Internet nich ermitteln. Zum Beispiel, wie die Kerle riechen.«
Uschi: »Deshalb solltest du am Wochenende ruhig mal zu dem Quick-Dating gehen, von dem ich dir erzählt habe. Ich drucke dir die Einladung gleich mal aus. Da kannst du in einer Stunde zehn Bewerber beschnuppern und ihnen gleich auf den Zahn fühlen.«
Gisela: »Und wer sucht die aus und bestellt se hin?«

Die Frauen gingen zurück ins Wohnzimmer, wo Uschi noch mal den Computer einschaltete: »Das kannst du gleich lesen. Veranstalter ist eine Flirtschule. Die haben diesmal nur Erwachsene vom Jahrgang 60-plus eingeladen.«

Gisela: »Ick bin aber seit zehn Jahre 50!«
Uschi: »Dann such dir doch mal einen Jüngeren!«
Gisela: »Um Jottes Willen! Ick bin doch keene Lehrausbilderin.«
Uschi: »Warum nicht? Die Jüngeren wollen mehr Zeit, die Älteren brauchen mehr Zeit – das ist doch unterm Strich derselbe Aufwand!«

Nun blickten die beiden wieder gelangweilt auf die Köpfe und Auskünfte der erfolgreichsten Online-Agenturen. Nur gut, daß die abgebildeten Männer nicht hören konnten, welche Eigenschaften die Frauen ihnen unterstellten. Da wären ihnen alle Gesichtszüge entgleist. Uschi wurde immer dreister, aber Gisela stöhnte:

> »Weeßte wie ick mir hier vorkomme? Wie uffen Sklavenmarkt. Da läßte hundert Mann antreten, fühlst nach, ob se Muskeln haben, kiekst ihnen ins Maul und überlegst, wie lange se durchhalten werden. Det soll nu die moderne Neuzeit sein, dabei stinkt det nach Mittelalter.«

Uschi: »Ich weiß gar nicht, was du hast. Wenn du mit hundert Bewerbern vor einem Betriebstor stehst, dann geschieht dir doch dasselbe?«

Gisela: »Hast recht. Wir sind ja nich die Uffseher. Wir stehen ja in derselben Kolonne. Man is eben heutzutage ringsum von Sklavenhaltern umzingelt. Und die wollen alle verdienen an dir. Übrijens: Wat kostet denn dein Quick-Dating da?«

Uschi: »Muß doch draufstehen!«

Gisela: »Ach, ja. Hier: ›Teilnahmegebühr mit Weinprobe 60 Euro‹. Dafür kann ick ooch dreimal zum Tanztee jehn.«

Uschi: »Haha! Da stößt du wieder auf deinen Hugo und dann stehst du da.«

Gisela: »Na, mal sehn, wie ick den Tag druff bin. Aber eens muß man dem Hugo ja lassen – so wie der hat sich noch keener für mir ´n Been ausjerissen! Und det is schon so ´ne Art Balsam für de Seele.«

Uschi: »Ja, schön, aber ich kann dir versichern: Der Balsam verfliegt später. Ich halte mich lieber an den Likör.«

Gisela: »Na jut, schenk ein. Der verfliegt aber ooch! ... Wie mein Wirtschaftsjeld. Haste inne Zeitung jelesen? Der Nettolohn is inne letzten 20 Jahre bloß um 5 Euro jestiejen, weil die Abzüge um 66 Prozent jewachsen sind. In eene Tasche stecken se ´s rin – aus die andere Tasche holen sie´s wieder raus. Und von die Jewinne schreiben se jar nüscht, weil die uff 300 Prozent jewachsen sind.«

Uschi: »Daß du dich darüber noch aufregen kannst! So sind nun mal die Spielregeln.«

Gisela: »Ja klar, aber denn sollen se doch uffhören von Jerechtigkeit zu faseln. Sollen se doch sagen: Die Sahne jeht an die Oberschicht – die anderen soll ´n sich die Molke teilen.«

Uschi: »Hör auf zu agitieren! Ich hab hier noch einen Kaffeelikör, da ist sogar Sahne drin.«

Gisela: »Man kann jar nich so viel trinken, wie man müßte!«

Uschi: »Stimmt. Prost!«

Das Flirtkarussell

Man fragt sich, womit die Menschen vor der Erfindung des Fernsehens ihre Abende verbracht haben. Sie mußten wohl notgedrungen mehr miteinander reden. Das wiederum förderte das gegenseitige Verständnis. Und so blieb auch die Scheidungsquote relativ gering. Da aber die Mehrzahl unserer Mitbürger nicht bereit sein werden, ihre Glotze in den Sperrmüll zu werfen, müssen neue Wege der An- und Aussprache gefunden werden, damit Mann und Frau inmitten unglücklicher Lebensumstände dennoch ihr Glück finden.

Eddi der Schleimer hatte in seiner Flirtschule schon lange nach verläßlichen Methoden zur Zähmung widerspenstiger Weiber und Kerle gesucht. Drum hatte ja Hugo der Hartnäckige bei ihm Nachhilfe genommen, bis er nach der Lektion über die Körpersprache abgesprungen war. Dennoch hatte Hugo dieser Tage eine Einladung von Eddi zu einem »Single-Treff besonderer Art« in seinem Briefkasten. Und das kam so:

Bei der Jahresbilanz für das Finanzamt wurde Eddi ruckartig klar, daß seine Flirtschule Insolvenz anmelden mußte. Die Pinnwand, die er einst für geglückte Paarungen seiner Absolventen eingerichtet hatte, zeigte ein einziges Foto. Und von jenem Paar wußte er, daß da nach einem halben Jahr die Scheidungsurkunde auf dem Tisch lag. So fehlten ihm Erfolgsreferenzen für die Werbung, und wer nicht wirbt, der stirbt! Sagt ein Gesetz der Marktwirtschaft. Mit der gleichen Härte verlangte Eddis Assistentin mehr Geld für die gelegentlichen Unterrichtsstunden, weil sie während der praktischen Übungen von jungen Männern mehrfach unsittlich begrapscht wurde. Zeitgleich reklamierte Eddis Vermieter den Zustand der selbstrenovierten Zimmer und verlangte Nacharbeit von einem Fachmann, zu Lasten des Nutzers. Die Anmeldungen neuer Klienten waren von drei bis vier im Monat auf eine bis zwei abgesackt, weil in Zeiten schwacher Löhne und Renten starke Selbstheilungskräfte im Menschen wirksam werden. So nahte nun Eddis siebente Nachwende-Niederlage.

Doch zuvor wollte er – als echte Spielernatur – noch einmal alles auf eine Karte setzen. Er hatte den entzückenden Einfall, alle bisherigen Schüler und sonstigen Interessenten zu einem »Flirtkarussell« einzuladen. Da könnten zehn Männlein zehn Weiblein kennenlernen und alle sechs Minuten mit einem anderen Partner plaudern. Wer sich mag, trifft sich in der zweiten Runde wieder. Wer niemanden abbekommt, hatte eine kurzweilige Weinprobe und einen nachhaltigen Schwips.

Alle ehemaligen Schüler waren eingeladen. Die Lokalpresse inserierte das Ereignis für etwaige Mitfahrer auf dem Flirtkarussell. Eigentlich wollte Eddi ein richtiges Kinderkarussell mit Pferden und Kutschen und Schwänen in dem kleinen Kiezcafé der Herbstzeitlosen aufbauen lassen. Aber dann war der Preis zu hoch und die Decke zu niedrig. So blieb es denn bei zehn Zweiertischen. Eine Eieruhr sollte die Klingelzeichen zum Partnerwechsel geben. Eine Kiste Teelichter erzeugte das richtige Kuschelklima. Als musikalische Untermalung hatte er André Rieu aufgelegt. Das Heimatblatt hatte einen Fotoreporter entsandt. Es konnte eigentlich nichts mehr schief gehen. Doch der Festsaal wurde zum Wartesaal.

Eddis Herz machte einen Hüpfer als fünf vor acht Gisela hereinkam und fragte, ob sie hier richtig sei. Aber ja doch! Gleich kämen die anderen. Er sei entzückt, daß die Fremden eher hier wären als seine Schüler. Das Ticket und die Weinkarte würde seine Assistentin an der Kasse aushändigen. Gisela ging bezahlen und setzte sich zögernd an einen der zehn freien Zweiertische.

Fünf nach Acht war Eddi sichtlich nervöser. Um sich selber zu beruhigen, beschwatzte er den Fotoreporter, wie die Leute seine Idee bejubelt hätten. Der Mensch dürste nun mal nach sozialen Kontakten. Die Handys und Computer würden alle Kontaktanbahnungen nur anonymisieren und damit entweihen. Hier säße man endlich Auge in Auge. Worauf der Fotoreporter andeutete, daß Giselas Augen ins Leere starrten.
Doch im gleichen Moment – nun war es zehn nach acht – erschien Hugo im Eingang. Gisela bemerkte ihn zunächst nicht, weil der Kellermeister der Weinverkostung um sie herumwirbelte. Hugo konnte daher auch Gisela nicht entdecken. Er erfaßte aber sofort die trostlose Situation und wollte auf dem Hacken umkehren. Doch da sprang Eddi auf ihn zu, schüttelte ihm beide Hände und zog ihn an den Tisch, wo Gisela saß: »Darf ich bekannt machen?«
Gisela winkte erschrocken ab: »Wir kennen uns!«
Hugo zuckte die Schultern: »Also richtig kennen wir uns eigentlich nicht.«
»Na wunderbar!« rief Eddi, »Genau so habe ich mir das vorgestellt, nur eben multipliziert mit Zehn. Aber wie steht schon in der Bibel? ›Im Himmel ist mehr Freude über einen reuigen Sünder, denn über tausend Gerechte!‹«
Gisela knurrte: »Ick hab nich jesündigt.«
Eddi tat bestürzt: »Nein, nein. Das wollte ich damit auch nicht gesagt haben. Aber ich habe offenbar gesündigt bei der Vorbereitung dieses Events. Ich muß sie beide um Entschuldigung bitten. Das wird heute wohl nichts. Ich hatte gleich leise Bedenken, daß diese Altersgruppe nicht sehr ergiebig sein könnte. Leider läuft heute abend im Fernsehen auch die Hitparade der Volksmusik mit Hansi Hinterseer und dazu, bei den Privatsendern, die Fürstenhochzeit in Monaco und Teil 3 des Actionfilms ›Stirb langsam!‹ Dagegen kommt unsereins nicht an.
Ich schlage vor, wir brechen ab. Das muß ja nicht heißen, daß Sie beide aufbrechen. Sie bekommen ihre Teilnahmegebühr zurück. Und alles, was

da zur Weinprobe eingeschenkt wurde, gehört Ihnen. Machen Sie sich einen netten Abend und seien Sie uns nicht böse, wenn wir einpacken und verschwinden.«

Gisela und Hugo wußten nicht, ob sie lachen oder weinen sollten über Eddis Bauchlandung. Aber seltsamerweise kamen beide nicht auf die Idee, auch aufzustehen und zu verschwinden. So boten sie dann zehn Minuten später ein unheimlich romantisches Bild: Zwei Menschen inmitten leerer Stühle. Ihr Tisch im halbdunklen Kerzenschein mit je fünf gefüllten Weingläsern auf jeder Seite, deren tiefroter und hellgelber Rebensaft wie Edelsteine funkelten. Zwei Augenpaare, die versuchten, sich nicht zu kreuzen und doch immer wieder ineinander versanken.
Das ist der Stoff für Romane. Aber hier wurde nun eine soziologische Studie daraus. Gisela knöpfte ihre Kostümjacke auf und fragte Hugo grollend: »Wie haben Sie denn das wieder hingekriegt?«
Hugo schlug die Augen nieder und steckte sich einen Zigarillo an: »Ich habe damit nichts zu tun.«
»Na klar doch. Dann muß ich wohl endlich dem Bastian sein Taschengeld streichen?«
Hugo zuckte kurz zusammen und sagte mit Bestimmtheit: »Dann tun Sie dem Jungen Unrecht.«
»Und wie sind Sie ausjerechnet heute abend hierher jekommen, wenn ick mal fragen darf?«
»Weil ich einen Lehrgang in Eddis Flirtschule gebucht hatte. Der hat doch allen Teilnehmern eine Einladung geschickt.«
»Sie waren bei Eddi auf Lehrgang? Was wollten Sie denn von dem lernen?«
»Na, wie ich an Sie herankomme.«
»Ach nee! Und wat hat er jesagt?«
»Ich soll nicht ›Na, du?‹ sagen, sondern ...« Nun griff Hugo in seine Jackentasche und holte einen Notizzettel hervor: »Ich soll ›verbale Weichmacher‹ benutzen und auf die ›Körpersprache‹ achten.«
»Toll! Und was sagt Ihnen meine Körpersprache?«
»Ihre Augen funkeln noch mehr als der Wein. Aber Ihre Mundwinkel sagen: Hau bloß ab!«

Gisela mußte lächeln. Das gab Hugo Mut.
»Jetzt sagt Ihr Gesicht: Kannst noch ein bißchen bleiben.«
Beide tranken erleichtert vom spritzigen Weißwein in Glas 1.
Es lag wohl mehr am Wein als an Eddis Flirtschule, daß Hugo folgendes Kompliment über den Tisch warf: »Ich finde übrigens toll, daß Sie sich auf den Computer und das Internet eingelassen haben.«
»Na, das hat aber auch Nerven gekostet. Als der Basti immer wat vonne Festplatte faselte, dachte ich, daß ich beim Fleischer wat bestellen muß. Und als er sagte: ›Morgen werden wir surfen!‹, da dachte ick, der bringt mir nu die großen Plättbretter inne Wohnung.«
Beide lachten und tranken vom honiggelben Dessertwein in Glas 2.

Dann fragte Gisela: »Haben Sie eigentlich auch eine Homepage im Internet laufen?«
Hugo sagte: »Nö. Ich wollte mal bei so einer Agentur mitmachen. Aber dann schickten die einen endlosen Fragebogen. Da habe ich es dann sein lassen.«
»Na, ick hab den ausjefüllt, damit die paßjerechte Anjebote machen können.«
Hugo winkte ab: »Ist doch alles Mumpitz!«
»Nee, nee, nich allet. Ick hatte 112 Fragen zu beantworten. Und denn kriegte ick zwee Kandidaten mit 80 Prozent Übereinstimmung zujeschoben.«
»Na und? Was hat es gebracht?«
Gisela zuckte mit den Schultern und nahm einen großen Schluck vom Dessertwein. Dann sagte sie:
»Ick gloobe, bei Ihnen käme ick bloß uff 20 Prozent Übereinstimmung.«
Darauf Hugo: »Na, ist das nicht herrlich? Da hätten wir beide 80 Prozent Neuland zu entdecken! Sie wissen doch: Gegensätze ziehen sich an.«
Gisela schien entwaffnet: »Na, ick weeß nich.«

Diese Ratlosigkeit ließ Gisela zum Glas Nummer 3 greifen, wo nun ein feuriger Rotwein auf sie wartete. Hugo machte mit und philosophierte:
»80 Prozent Übereinstimmung? Was zählt denn da? Gleicher Wohnort, gleicher Stadtbezirk, gleiche Lieblingsfarbe, gleiche Vorliebe für Currywurst und so´n Quatsch.«
»Das ist doch kein Quatsch!«

»Ist es doch! 112 Fragen nach Schnullifax! Früher brauchten wir nur drei Fragen: Herkunft – Entwicklungsweg – Weltbild. Dann war alles klar.«
»Det war aber ooch ´n bißken dürftig, sonst wär´n nich so ville abjehauen!«
»Stimmt schon, aber wo sie nach Vater und Mutter fragen, bist du ein Mensch. Und wo sie nach Kosten und Nutzen fragen, bist du Objekt. Das fängt auf dem Arbeitsamt an und hört im Krankenhaus auf. Erst mal die Kontenklärung!«
»Na det haben die meisten ja inzwischen kapiert. Aber bei mir fragten die Kuppelbrüder im Internet nach det Sternzeichen und den Lieblingsschauspieler. Wat se davon haben, weeß ick nich. Ick hab denn Erwin Jeschonneck hinjeschrieben. Aber ick gloobe, die wissen jar nich, wer det is.«
An dieser Stelle griff Hugo zum Glas Nummer 4 und verkündete dann: »Ich hätte auch Geschonneck genannt. Aber nicht als ›Lord vom Alexanderplatz‹, sondern in ›Karbid und Sauerampfer‹.«
»Is ja komisch. Denn hätten die uns womöglich miteinander verkuppelt?«
»Wäre dir ... Verzeihung: Ihnen ... Hatten wir uns nicht schon mal geduzt? Können wir das nicht – wenigstens für heute abend einführen?«
Hugo drückte Gisela ihr Glas 4 in die Hand und sagte: »Gisela, ich bin der Hugo!«
Gisela sagte nur: »Ich weiß. Ich weiß bloß nicht ... ob wir ... «
»Hör zu, Gisela: Zum Glück wissen wir alle nicht, wann unsere letzte Stunde schlägt. Und wenn man nicht mehr allzuviel Zeit hat, muß man gut überlegen, mit wem man sie teilen möchte. Ich bin jedenfalls kein Einsiedler.«

»Und ick möchte jetzt lieber nach Hause jeh´n. Der Wein hat´s in sich!«
»Gisela, du hast es auch ohne Wein in dir! Du bist eine tolle Frau! Nicht, was man so hübsch nennt, sondern, was auch ohne Schminke schön ist. Nicht eine, mit der man in die Nachtbar gehen würde, aber eine, mit der man frühstücken möchte. Das halten die Nachtfalter, wie deine Freundin Uschi, nicht aus! Du bist ein Kumpel, eine Freundin und eine Frau für alle Lebenslagen. Und deshalb kannst du in dieser verzwickten Lage hier nicht einfach abhauen, ohne zu testen, was die in das fünfte Glas geschüttet haben. Das könnte der Kracher sein!«
Gisela lachte: »Wat die Flirtschule dir einjetrichtert hat, is ooch ´n Kracher!«
Hugo schob sein Glas zu Seite: »Moment mal! Was ich eben gesagt habe,

hat nichts mit dem Spickzettel von Eddi zu tun! Das ist meine ehrliche Überzeugung! Das sind meine drei Fragen. Sag doch mal selber: Soziale Herkunft – genau so kümmerlich wie meine. Entwicklungsweg – genau so gerade wie meiner im sozialistischen Gang. Ansichten und Absichten – genau wie meine, nicht angeben, sondern geben, nicht gemein sein, sondern gemeinsam ohne Kriecherei aufrecht nach vorne. Man darf nie anfangen aufzuhören, und man darf nie aufhören anzufangen! Gegenstimmen? ... Stimmenthaltung? ... Angenommen! Prost!«

Was die beiden von da ab debattierten, ließ sich wegen der undeutlichen Aussprache nicht mehr protokollieren. Sie halfen sich am Ende gegenseitig aus dem Lokal. Und das wiederum könnte bedeuten, daß an jenem Abend nicht alles mißlang.

Die fesche Lola

In den Morgenstunden des darauffolgenden Tages hatte Uschi den Drang, mit der Freundin Gisela einiges zu besprechen, was ihr Kopfschmerzen bereitete. Der Fitneßguru drängte auf ihren Einstieg als Teilhaberin. Der EU-Lobbyist hatte sie nach Brüssel eingeladen. Der Computer hatte neue Eintragungen für die fesche Lola als Unternehmerin ausgespuckt. Der Drucker hatte sich dabei verschluckt und nur noch Notsignale von sich gegeben. Nun wußte sie nicht, ob sie doch wieder den Bastian heranholen sollte. Und wegen alledem setzte sich Uschi in Bewegung, um Giselas Rat einzuholen. Nebenbei wollte sie natürlich auch hören, wie das Flirtkarussell gelaufen ist.
Als Uschi dann vor Giselas Haustür stand, schien ihr irgend etwas fremd zu sein. Aber sie hatte bereits auf die Klingel gedrückt. Doch das gewohnte Summen des Türöffners blieb aus. Sie klingelte abermals. Und wieder ohne Echo. Sollte Gisela schon zum Einkauf unterwegs sein? Um diese Stunde? Kaum.

Uschi klingelte ein drittes Mal. Nun war von der Seite ein leises Rappeln zu hören. Sie trat einen Schritt zurück – und nun wußte sie, was ihr aufgefallen war: Vor Giselas Fenster im Hochparterre waren die Jalousien heruntergelassen. Das machte sie ganz selten. Und eben hatte sich dahinter etwas bewegt. Das war nun noch seltsamer.
Es dauerte weitere zwei Minuten, bis dann der Türsummer erklang und Uschi in das Haus gelassen wurde. Doch da stand nun nicht ihre Freundin. Gisela hatte die Wohnungstür nur einen Spaltbreit geöffnet und stand dahinter im Morgenmantel. Sie legte Uschi die Hand auf den Mund und zog sie in die Küche. Uschi fiel auf, daß da zwei Sektgläser und eine leere Flasche am Spültisch standen. Sie zeigte stumm mit dem Finger dorthin. Und nun begann Gisela endlich mit hochrotem Kopf zu flüstern:

»Ick bin nich alleene.«
»Das sehe ich.«
»Ick war doch jestern bei diesem Singltreff.«
»Klar, und da hast du dir einen geangelt.«

»Det nich. Aber ick war so blau, daß der mir nach Hause bringen mußte.«
»Ist doch egal. Und wer ist der Glückliche?«
»Kommste nich druff.«
»Na, dann sag´s doch!«
»Hugo.«
Uschi vergaß die Umgebung und schrie: »Nein!«
Gisela legte ihr gleich wieder die Hand auf den Mund:
»Det war doch der einzige, der da hinjekommen is.«
»Na, dann wird es ja Zeit, daß ich dir neue Angebote bringe.«
Damit legte Uschi die neuesten Computernachrichten auf den Tisch.
Gisela schob die Blätter beiseite: »Ick gloobe, die brauch ick nich mehr.«
»Hört, hört! Du könntest sie aber wenigstens lesen. Da fehlen übrigens noch zwei, weil der Drucker streikt. Kann ich den Bastian noch mal ranholen?«
Gisela nickte: »Mach, wat de willst.«
»Na schön. Ich merke schon, daß ich hier wirklich zur Unzeit erschienen bin. Dann wünsche ich dir noch viel Spaß mit deinem Hugo. Du siehst übrigens ziemlich mitgenommen aus mit deinen Augenringen. Vielleicht meldest du dich mal, wenn ich dir meine Probleme erklären kann. Tschüß!«
Uschi verschwand. Gisela schob die Internetblätter in den Mülleimer und ging ins Wohnzimmer, wo Hugo der Hartnäckige die Couch belegt hatte. Der blinzelte irritiert in die Runde, dann sprang er auf. Und als er merkte, daß er in Unterhosen vor Gisela stand, sprang er gleich wieder unter die Decke:
»Was ist passiert?«
»Nüscht is passiert.«
»Hatte es nicht geklingelt?«
»Die Uschi war hier.«
»Hat sie mich gesehen?«
»Nee, bloß unsere Sektgläser.«
»Haben wir gestern hier weitergetrunken?«
»Det scheint so.«
»Und wieso liege ich hier?«
»Det weeß ick nich. Ick weeß ja ooch nich, wie ick ins Bett jekommen bin. Ick hab mir bloß jewundert, det ick nüscht mehr anhatte.«
»Aber ... lag da nicht ein Nachthemd in deinem Bett?«

»Dachte ick ooch. Aber det kiekt nu unter dein Koppkissen vor.«
»Willst du damit sagen, daß ich ... weil ich ...«
»Ick will jar nüscht damit sagen. Vielleicht war et mir ooch lästig. Trinkste Kaffee oder Tee?«
Uschi war gleich wieder nach Hause gegangen. Dort hat sie dann Bastian angerufen. Der stöhnte auf, als er hörte, daß der Drucker blockiert:
»Ich hatte euch gleich gewarnt, daß der aus zweiter oder dritter Hand ist. Kauft euch lieber einen neuen.«
Uschi konterte: »Den können wir erst bezahlen, wenn uns deine graue Kiste einen Multimillionär ins Haus gebracht hat.«
»Unsinn!« sagte Bastian. »Wenn ich den Hugo einschalte, kriegt ihr so ´n Ding für ´n Fuffi!«
Uschi stutzte: »Hugo? Woher kennst du den denn?«
»Hab ich doch Oma schon alles erklärt. Der hat Beziehungen.«
»Ich weiß. Sogar ziemlich enge. Dann bring ihn doch mal mit. Den Fuffi hab ich immer übrig. Wie wärs heute nachmittag?«
»So schnell? Ich weiß ja nicht, was der vorhat und wie schnell er an einen Drucker rankommt.«
»Der kommt überall schnell ran.«
»Du kennst ihn wohl auch, Tante Uschi?«
»Nicht so richtig, Basti. Aber bring ihn mal mit! Zwischen drei und vier bei mir!«

Bastian rief Hugo an, der inzwischen zu Hause war. Hugo rief seinen Kumpel an, der Billigdrucker auf Lager hatte. Bastian und Hugo holten das Gerät dann ab, und um halb vier standen sie damit bei Uschi vor der Tür.
Hugo druckste verlegen herum: »Der Basti meinte, ich sollte ...«
»Alles klar. Kommen Sie rein! Ich hatte Basti gebeten, Sie gleich mitzubringen, denn manchmal fehlt ihm der Durchblick. Die Gisela und ich sind ja inzwischen so tief in den Internetdschungel eingestiegen, daß wir ohne Computer und Drucker gar nicht mehr zurechtkommen.«
»Ich weiß«, sagte Hugo, während Bastian den alten Drucker abbaute und den neuen auspackte. »Ich glaube aber, daß die Gisela bald wieder aussteigen wird.«

»So? Hat sie das gesagt?«
»Nicht so direkt«, grummelte Hugo.
»Na, hätte mich auch gewundert. Die hat doch jetzt einen richtigen Hecht an der Angel! Einen Musiker aus Dresden. Ein sehr kulturvoller Mensch.«
»Ach ja?«

Bastian unterbrach das Gespräch: »Ich komme hier nicht weiter mit dem USB-Kabel.« Hugo half dem Jungen. Dann war das Gerät startklar. Uschi zog einen Zehner aus der Brieftasche, drückte ihn Bastian in die Hand und sagte: »Schönen Dank! Du kannst jetzt nach Hause gehen. Die Abrechnung mit dem Drucker übernehmen wohl Sie, Herr Hugo? Ich muß nur rasch bei der Nachbarin was holen. Dann könnten Sie mir vielleicht noch mal erklären, ob unser Virenschutz auf dem neuesten Stand ist. Komm, Basti, ich gehe gleich mit.«

Damit verließen Uschi und Basti das Zimmer. Hugo setzte sich an den Computer. Uschi winkte Basti auf der Treppe hinterher. Dann klingelte sie bei der Nachbarin. Die war aber nicht da. Uschi ging zurück ins Wohnzimmer und fragte Hugo: »Darf ich Ihnen was zu trinken anbieten? Einen Cognac vielleicht?«
Hugo schüttelte den Kopf: »Ich hänge heute ein bißchen durch.«
Uschi meinte unbeirrt: »Na, dann ist doch ein Cognac das einzige, was hilft.«
Sie tranken beide, und Uschi schenkte gleich nach. Dann blickte sie auf den Monitor: »Mein Gott, Sie sind ja ein richtiger Experte! Wie Sie da in den Eingeweiden der Programme herumwühlen, das würde ich mich nie trauen! Mir wird schon vom Zugucken ganz schlecht! Möchten Sie vielleicht bei mir Abendbrot essen? Ich habe schöne Scampi im Kühlschrank. Da mache ich uns eine Knoblauchsoße zu und ein paar Scheiben Toastbrot ...«
Hugo zuckte die Schultern: »Ich steh nicht so auf Knoblauch.«
»Na, dann mache ich eine Weißweinsoße. Meine Freundin Gisela steht ja mehr auf Kartoffelsalat mit Bockwurst.«
»Das esse ich auch gerne.«
»Ja, sicher, wenn man unterwegs ist und es eilig hat. Aber Männer mögen doch im allgemeinen auch die Abwechselung. Oder?«
Uschi verschwand kurz in die Küche, um die Scampi aufzutauen. Dabei reifte ein tückischer Plan in ihrem Kopf: Wenn die Gisela es nicht lassen konnte,

alle Bewerber für die Lola als Berufs-Casanova abzustempeln, dann müßte man ihr mal beweisen, daß der Hugo aus dem gleichen Holz geschnitzt ist. Uschi beschloß daher, noch einen Zahn zuzulegen. Sie zog ihren Pullover aus, rückte die dünne Bluse straff zur Alpenlandschaft zurecht, ging in das Zimmer zurück und warf sich gegenüber von Hugo in einen Sessel.
»Es ist ziemlich warm hier. Ich hoffe, das irritiert Sie nicht, wenn ich mir Luft verschaffe? Sie können doch auch die Jacke ablegen.«
Sie ging ihm mit ausgestreckten Armen entgegen, doch er brummte nur:
»Nö, nö, das geht schon.«
»Na, geben Sie schon her! Sie haben doch Feierabend.«

Hugo war durch die Kombination von freizügiger Körpersprache und verbalen Weichmachern derart konsterniert, daß ihn – wie in der Flirtschule – Versagensängste plagten. Er ließ sich die Jacke abnehmen, doch in diesem Moment klingelte es an der Wohnungstür. Uschi ging mit der Jacke in den Flur und öffnete. Da stand Gisela vor ihr!
»Ick wollte mir nur wejen heute morjen entschuldijen.«
Uschi war auf diesen Besuch wirklich nicht gefaßt und stammelte nur: »Du brauchst dich nicht zu entschuldigen, denn im Grunde sind wir nun quitt.«
»Wat denn, haste etwa ooch Herrenbesuch?«
»Nicht nur das. Sogar den gleichen!«
»Wen? Hugo? Bei dir? Det is nich wahr!«
Mit einem kurzen Schubs ihres Ellenbogens hatte sich Gisela den Eingang frei gekämpft und schon stand sie im Wohnzimmer vor dem völlig bedepperten Hugo. Doch ehe der was sagen konnte, war Gisela schon wieder draußen, warf die Wohnungstür hinter sich zu und ward nicht mehr gesehen.

Uschi ging zurück ins Zimmer, wo Hugo aus Verzweiflung nach der Cognacflasche griff. Sie sagte: »Ich brauch auch einen!«
Die Situation war etwas peinlich. Aber eigentlich hatte sie ja genau das gewollt. Sie warf sich wieder in den Sessel, schob ein Kissen in den Rücken, um das Profil zu schärfen und lamentierte: »Meine Freundin Gisela ist ein bißchen altmodisch. Wie die mich eben angestarrt hat! Dabei weiß sie doch, daß ich im Internet als »fesche Lola« laufe. Kennen Sie den Film mit der Dietrich?«

»Den kenn ich.«
»Und wie gefiel Ihnen die Lola?«
»Die Lola ganz gut. Aber wie sie den Professor zum Trottel gemacht hat, das war schoflig.«
»Das hat der doch so gewollt! Oder wie sehen Sie das?«
Hugo sagte: »Ich sehe gar nichts mehr. Ich gehe.«
»Na bitte! Aber ich warne Sie: Frauen interessieren sich vor allem für Männer, die sich nicht für sie interessieren!«
Hugo reichte Uschi die Hand und sagte: »So geht es mir mit der Gisela. Deshalb möchte ich sie nicht verlieren!«

Als Hugo dann die Straße entlanglief, hatte er das Gefühl, daß Eddi und Arthur hinter ihm herliefen und ihn beschimpften: »Du Idiot! Wie kann man vor dieser Frau flüchten?« – »Warum hast du nicht wenigstens das Abendbrot abgewartet?« »Und Cognac war auch noch da.« – »Denk mal an die Körpersprache: Eine halbe Stunde später hätte sie doch die Bluse aufgeknöpft.«

Aber Hugo wollte nur noch nach Hause. Das heißt, eigentlich wollte er zu Gisela und alles erklären. Aber wer weiß, wo die nun hingelaufen ist. Dabei hatte der Tag so gut angefangen. Er konnte sich nach Jahren mal an einen gedeckten Frühstückstisch setzen. Und jetzt diese dämlichen Scampi!

Eddi faßt zusammen

Weil nun der standhafte Hugo mit der stinksauren Gisela wieder bei Null anfangen muß und die beiden Freundinnen eine ganze Weile Feindinnen sein werden, ist es wohl besser, hier den Vorhang zuzuziehen.

Ich möchte mich nur deshalb noch mal zu Wort melden, um klarzustellen, daß ich kein Schlawiner bin, und um anzudeuten, wie es – nach meiner Berufserfahrung – weiterginge, wenn es weiterginge.
Wenn ich noch mal eine Kontaktbörse aufmache, dann nur für Oldies, weil die wissen, was sie wollen. Und da wird drüberstehen: »Es zählt nicht, wie alt man wird, sondern wie man alt wird!«
Leben heißt lieben. Lieben heißt verstehen. Verstehen heißt verzeihen. Verzeihen heißt beginnen. Beginnen heißt hinzulernen. Hinzulernen heißt noch besser verstehen. Noch besser verstehen heißt noch mehr lieben. Noch mehr lieben heißt noch mehr leben. Und das wollen wir doch alle?
Was wird nun aus den Menschen, die uns hier begegnet sind? Die fesche Lola wird wohl weiter als Schmetterling von Blüte zu Blüte taumeln. Die resolute Gisela wird mit dem hartnäckigen Hugo nach trotzigen Streitgesprächen noch viele schöne Stunden haben. Der zugereiste Kölner aus Chemnitz wird seine Hemden noch lange alleine bügeln, um abwechselnd mit Schlips oder Fliege auf Fang zu gehen. Der Gärtner wird von seinen Töchtern sehr bald mit jener Blumenfrau verkuppelt, die er, drei Dörfer weiter, seit Jahren beliefert. Der Bastian wird Informatik studieren, und Oma wird seine Bücher bezahlen. Der Fitneßprofi landet als Betrüger vor Gericht. Der Mann aus der Semperoper bleibt bei seiner Harfenistin. Der EU-Experte verliert seinen Wahlkreis, aber er behält drei Aufsichtsratsposten und fünf Beraterverträge und daher auch seine Zweitwohnung in Berlin, wo er hin und wieder die Uschi trifft.
So ähnlich könnte das laufen. Genaueres weiß nur die Kartenlegerin.

Was mich betrifft, so wollte ich mit meiner Flirtschule ein Glücksbringer sein, aber ich bleibe ein Pechvogel. Die Schule ist pleite, die Wohnung zu teuer, die Zukunft liegt im dunkel. Ich möchte nur nicht, daß Sie sagen:

»Schadet ihm gar nichts, diesem Schlawiner!«
Kein Mensch wird als Schlawiner geboren. Die wirren Zeiten haben mich zum Lebenskünstler gemacht. Als noch alles »seinen sozialistischen Gang« ging, war mein Weg mit dem Lineal vorgezeichnet: Erweiterte Polytechnische Oberschule bis zum Abitur. Studium und gemäß Jugendförderungsplan, Einsatz in einem Kombinat. Nach fünf Neuerungsvorschlägen Ehrung in der »Straße der Besten«. Heirat mit Ehekredit zum Abkindern. Patenschaft für eine LPG-Brigade. Auszeichnung als Aktivist mit Zuteilung einer Werkswohnung. Antrag auf Auslieferung eines Trabant bis 2001. Jungfernfahrt zum Balaton nach Ungarn usw.

Doch im zweiten Studienjahr 1989 hatte sich alles gewendet. Ich brach ab. Ich fuhr nach drüben. Ich brach ein. Ich fuhr zurück. Ich war Pizzabote und Zeitungskurier, Versicherungsvertreter und Autoverkäufer. Ich lebte von Stütze und machte mich selbständig. Die Flirtschule als Marktnische sollte anderen verkrachten Existenzen helfen und auch Mischehen zwischen Ost und West fördern. Das ist aber verdammt schwer. Der Schein bestimmt jetzt das Bewußtsein! Der Geldschein schafft das am besten. Alle tanzen um das Goldene Kalb.

Ich weiß: Bei Lichte besehen, bin ich ein Gaukler geworden. Aber nur, weil heute die ganze Lebensweise eine große Gaukelei ist.

Wer unter solchen Umständen nach oben will, muß viel Dreck fressen! Ich habs probiert. Mir schmeckt das nicht. Meine Bank gibt mir auch keinen Kredit mehr. Andere Gauner und Gaukler sind erfolgreicher, weil sie skrupelloser sind. Wenn man ein Herz hat, führt das in einer herzlosen Ordnung schnell zum Infarkt. Darunter leiden Millionen. Aber das Leid ist ja oft nur die Unfähigkeit, Sehnsucht in Taten umzusetzen.

Ich muß mal überlegen, ob da nicht doch eine Marktnische liegt, in die ich einsteigen könnte. Achten Sie mal im Internet auf meine Annonce!